MÉMOIRES

DE

GASTON PHŒBUS

PAR ALFRED ASSOLANT

PARIS
LIBRAIRIE ACHILLE FAURE
18, RUE DAUPHINE, 18

1867

MÉMOIRES

DE

GASTON PHŒBUS

IMPRIMERIE GÉNÉRALE DE CH. LAHURE
Rue de Fleurus, 9, à Paris

MÉMOIRES

DE

GASTON PHŒBUS

PAR ALFRED ASSOLANT

PARIS
LIBRAIRIE ACHILLE FAURE
18, RUE DAUPHINE, 18

1867

MÉMOIRES
DE
GASTON-PHŒBUS.

I

A monsieur le commissaire de police du faubourg Montmartre.

Qu'on n'accuse personne de ma mort.... Je vais me brûler la cervelle.... Je prie monsieur le commissaire de vouloir bien remettre à M. Louis Véray, rue Pigalle, 12, le paquet ci-joint, qui ne contient ni billets de banque, ni valeurs d'aucune espèce, mais seulement le détail des raisons qui m'obligent à passer dans un monde meilleur,... Mes créanciers, que je regrette bien vivement de ne pouvoir satisfaire, sont priés de vouloir bien agréer mes très-humbles excuses et de croire que je n'aurais pas cherché dans la mort un asile contre les huissiers si j'avais entrevu, soit dans le présent, soit dans l'avenir, quelque moyen de payer mes dettes....

.... Quant à mes amis, je les vois d'ici s'adosser à la cheminée, s'appuyer commodément sur un coude en souriant aux dames, et, pour donner plus d'intérêt à mon histoire, raconter que je suis mort d'amour comme Léopold Robert ou Raphaël Sanzio. Car les dames ont un faible pour les histoires d'amour comme les Allemands pour la bière, les Anglais pour le gin et les Américains pour le whiskey....

Mais de quoi vais-je m'occuper?...

Agréez, monsieur le commissaire, toutes mes excuses pour le dérangement dont je vais être cause, et recevez l'assurance de ma considération la plus distinguée.

*A monsieur Louis Véray, poëte lyrique,
rue Pigalle, 12.*

Tout est fini, mon cher Véray; et je vais visiter les sphères éternelles. » Ai-je tort ou raison? Je le saurai avant deux jours. En tout cas, vous devez penser que je ne me suis pas décidé sans motifs.

Le commissaire, en lisant ma lettre, croira sans doute que je me suis brûlé la cervelle par désespoir de ne pas pouvoir payer mes dettes, et plus d'un créancier donnera des larmes à ma mémoire. C'est une grande erreur. Je n'ai pas un culte si profond soit pour l'argent du prochain, soit pour le mien propre. Ce qui me tue, ce n'est pas la pauvreté, quoique, grâce au ciel, elle m'ait tenu depuis ma naissance fidèle compagnie. Non, c'est quelque chose de plus dur et dont on se console moins.

Croiriez-vous que depuis vingt-sept ans (ou environ) que je vois la lumière du jour, si chère à tous les hommes, il ne m'est pas arrivé une seule fois de rencontrer un des bons lots de la vie? Ainsi je n'ai ni argent, ni profession, ni femme, ni maîtresse, ni personne qui s'intéresse à moi. Vous-même, mon cher Véray, quelque affection que vous m'ayez montrée depuis six mois, vous avez tant d'autres liens de famille et d'amitié qu'à peine puis-je compter que j'occupe quelque place dans votre cœur.... Mon portier même que je croyais avoir gagné par des avances qu'on aurait honte de faire à un duc et pair, oui, mon portier me tourne le dos! Hier encore, en passant devant sa loge, j'ai entendu cet honnête homme grommeler quelque chose contre les « gens qui finiront mal, qui rentrent chez eux à une heure du matin, qui mènent une vie de débauche et qui n'ont jamais donné la pièce à personne. » Dieu sait que j'avais plus grand besoin que lui qu'on me donnât « la pièce ; » car mon paletot montre la corde, mon pantalon est fendu au genou droit, mon gilet n'a plus qu'un bouton, et de mes deux chemises qui sont en lambeaux, il reste juste assez pour faire deux mouchoirs, — non sans trous.

Je vis cependant ; je résous tous les jours ce

problème redoutable dont les habitants de Paris et de Londres connaissent seuls toute la difficulté. Et non-seulement je vis, mais j'ai du superflu. Que font là ces deux fauteuils usés et ces deux chaises de paille dont ma chambre est encombrée? Une seule chaise suffirait, et même, à la rigueur, un banc. Tout le reste est pure mollesse, car enfin l'on ne peut pas s'asseoir en deux endroits en même temps. Ma table de travail est en acajou plaqué, et si peu solide qu'elle ne trouverait pas un acquéreur s'il plaisait au propriétaire de la vendre aux enchères. Quant au lit, l'unique matelas dont il se compose doit avoir été cardé deux ou trois siècles avant la prise de la Bastille.

Cependant, quand je pense au roi de Dahomey qui peut faire égorger, décapiter, disséquer et mettre au four chaque année trois ou quatre mille nègres, et qui n'a pas, ce grand roi, d'autre chevet que l'herbe des prairies, je reconnais que mon matelas est un objet de luxe. Ma seule excuse est que j'habite un hôtel garni, et que ces meubles, y compris une vieille gravure qui représente Napoléon à Sainte-

Hélène, vêtu d'un costume de planteur, appartiennent à mon propriétaire.

Étant né poëte, — car vous l'êtes, mon cher Véray, quoique votre nom ne soit pas encore illustre, — vous savez par expérience qu'il est des familles et des poches où jamais l'argent n'a pu vivre; si quelquefois il en a forcé l'entrée : mystère insondable de la divine Providence! Or, ma famille était de ces familles, et ma poche est de ces poches. Mon grand-père était un bon conseiller du parlement de Bordeaux, qui aima le jeu, la bonne chère et les dames. Comme il avait d'ailleurs beaucoup d'esprit et de courage, — étant Gascon et d'un temps où chacun se croyait obligé de faire preuve tous les jours de l'un et de l'autre, — il fut fort estimé de ses concitoyens et dépensa d'une manière tout à fait noble cinq ou six cent mille livres que son propre père avait gagnées dans le commerce des nègres. Un vice, dit le vieux Franklin, coûte aussi cher à nourrir que deux enfants. A ce compte, mon grand-père nourrissait une nombreuse famille, outre mon père, qui fut son unique enfant, suivant les règles ordinaires de la nature. Aussi la révolution de 1789, qui ruina tant de gens, ne fit aucun mal à cet aimable vieillard. Depuis longtemps il n'avait plus rien à perdre, et j'ai même entendu dire, par des gens qui l'avaient connu, que s'il avait reçu de ses créanciers une pension égale au revenu de la moitié de ses dettes, il aurait pu mener grand train et faire envie à de fort grands seigneurs.

Mon père, moins heureux, trouva place nette et, n'ayant pas de quoi faire des dettes, fut mis à l'École militaire de Fontainebleau, en 1808. Le maréchal Ney le prit pour aide de camp, et le mena en Espagne, à Moscou, à la Bérésina, à Lutzen, à Bautzen, dans la campagne de France et jusqu'à Waterloo. Comme il était robuste et bien constitué, le froid, le chaud, la pluie, deux balles dans la poitrine et trois coups de sabre ne purent en venir à bout ni l'empêcher d'être fait capitaine. Malheureusement, après 1815, quand le temps des avocats et des banquiers fut venu, le capitaine plus ferré sur l'équitation que sur l'orthographe, et n'ayant pas un maravédis en poche, quitta le service avec une pension de 600 francs et le surnom de « brigand de la Loire, » qu'il portait, du reste, aussi fièrement qu'autrefois ses épaulettes. Mais que faire à vingt-six ans, quand on ne connaît que le maniement du cheval et du sabre, et qu'on est à la retraite? 600 francs, qui en vaudraient aujourd'hui le double, donnaient à peine le vivre et le couvert à ce pauvre héros, subitement arrêté dans sa carrière. Il se lia d'amitié avec d'autres héros, réduits comme lui-même à la demi-solde, fut membre de trois ou quatre sociétés secrètes, et allait être fusillé, lorsqu'un ami, qui s'était rallié au gouvernement des Bourbons, obtint sa grâce et le fit passer en Hollande, d'où l'exilé s'embarqua pour la Perse et se mit au service de l'un des successeurs de Thamas-Kouli-Khan.

Il enseigna la charge en douze temps aux fantassins du shah, il devint grand seigneur au pied des monts Elbrouz et fit pendre quelques centaines de voleurs subalternes qui levaient l'impôt sur les grands chemins de la Médie Atropatène; il épousa une Grecque de

Smyrne dont le père était bijoutier de la cour de Téhéran et fut tenté de fonder une dynastie dans le royaume de Candahar et de conquérir l'Inde à la façon d'Alexandre. Le shah, pour plaire aux Anglais, voulut le faire assassiner; il prit la fuite, ayant en croupe derrière lui sa femme, et ne s'arrêta qu'à Smyrne; les diamants qu'elle avait eu soin d'emporter et qui valaient plus d'un million, lui servirent à entreprendre cinq ou six commerces dont le meilleur ne valait rien; il mena grand train jusqu'en 1830, où la révolution de Juillet acheva sa ruine et lui permit en même temps de reprendre son ancien grade dans l'armée française; il fut tué, chef de bataillon, à Constantine, et laissa pour tout héritage à sa veuve une pension modique, et à ses deux enfants, — un fils et une fille, le souvenir de son courage. — Mais pourquoi vous conter l'histoire en détail? Peut-être trouvez-vous déjà, mon cher ami, que mon récit vous traîne en longueur. A cela je répondrais qu'il est cinq heures du soir, que je n'attends personne, que je ne crains pas de me voir dérangé, et qu'enfin je ne veux pas me brûler la cervelle avant vingt-quatre heures. C'est un point résolu. Je ne suis pas un fou qui cherche à s'étourdir sur une situation désespérée, mais un homme sérieux et circonspect qui se rend compte à lui-même de toutes ses pensées. Mon âme est tranquille, mon pouls est calme, ma tête est froide, j'ai déjeuné d'un petit pain et de l'eau de ma carafe, et je ne dînerai pas. Est-ce là, oui ou non, l'état d'un philosophe qui a droit de disposer de lui-même, et, — en attendant la dernière heure, — d'expliquer à un ami les motifs de sa conduite ? Si j'ai parlé de mon père avant de parler de moi, c'est que le chêne sort du gland, et que le gland est sorti d'un autre chêne, et que toutes les facultés essentielles du premier chêne se retrouvent toujours dans le second, qui les transmet au troisième et par lui à tous ses descendants, et qu'à ce compte-là, mon père, ma mère, mon grand-père et tous ceux de ma race ont toujours été dans une incapacité incurable soit d'amasser de l'argent, soit de garder l'argent qu'on avait amassé pour eux. Au reste, prenez patience; mon tour va venir.

Ma mère, l'une des meilleures femmes de ce siècle, était peut-être encore moins propre à thésauriser que tout le reste de ma famille. Outre les dépenses ordinaires du ménage, elle avait mille moyens de se débarrasser d'une pièce de vingt francs. Son industrie, dans ces occasions-là, était incroyable. Les chiffons, les livres, les jouets d'enfants, les statuettes, les casseroles, la vieille et la nouvelle musique, remplissaient la maison d'un désordre complet, mais charmant, car elle avait l'esprit et le goût de tous les vrais artistes. Musicienne vraiment admirable, elle aurait étonné les Parisiens si mon père lui avait permis de chanter en public; mais, au milieu même de la plus profonde misère, — dont il toucha bien souvent le fond, — mon père l'aimait trop passionnément pour lui permettre d'entrer à l'Opéra. Blâme qui voudra cette fierté d'un homme qui ne dînait pas tous les jours; pour moi, je l'honore et l'approuve. Il est vrai qu'en aucun temps il ne lui fit la moindre observation sur ses prodigalités; et dans cette famille où l'argent manquait toujours, la pauvreté la plus dure ne fut jamais une occasion de discorde. — Rare exemple !

Par quels prodiges d'industrie parvint-elle à élever deux enfants ? C'est ce qu'il est presque impossible de comprendre. J'obtins, grâce au nom de mon père, une bourse dans un collége de Paris ; ma sœur fut employée chez un marchand de chocolat du boulevard, ma mère elle-même engagea sa pension d'avance et fit quelques dettes. Par bonheur nous étions tous sains de corps et d'esprit. C'est une grâce que la Providence, moins aveugle qu'on ne croit, fait quelquefois aux pauvres gens.

Comme je n'avais aucun héritage à espérer, je fis, tout naturellement, les plus brillantes études. Pour prendre le goût des livres il n'est rien de tel que de n'avoir pas un sou vaillant. Mes professeurs étaient aussi fiers de moi que si j'avais dû gouverner les peuples comme Périclès ou enseigner la sagesse aux hommes comme le divin Platon. Mes camarades s'approchaient de moi avec respect et m'écoutaient comme un oracle. Ma mère, plus fière de moi que Niobé ne le fut jamais de ses fils et de ses filles, me regardait avec admiration et me promettait le plus brillant avenir ; mais avant tout, il fallait vivre, et le jour où je mis pour la dernière fois le pied hors du collége, je commençai à sentir les dures étreintes de la faim.

C'était, je m'en souviens encore, le 10 août 1846. Il faisait faim ce jour-là, — une faim de loup. J'étais parti de grand matin, emportant du collége mon mince bagage et j'attendais avec une impatience mal dissimulée l'heure du dîner. Vers dix heures du soir, ma mère s'en aperçut, et d'un air riant (pauvre chère créature ! elle aurait souri à la mort même !) :

« Eh bien, dit-elle, Gaston-Phœbus, qu'attends-tu pour te coucher ?

— J'attends, répondis-je avec inquiétude, que tu m'aies offert à dîner.

— Mon ami, répliqua-t-elle, je te dirai comme l'aubergiste d'Alcala de Hénarès : Seigneur, vous aurez à dîner ce que vous avez apporté. »

Ce qui fera mieux comprendre le mérite et la gaieté de cette réponse, c'est qu'elle avait le jour même et sous mes yeux donné à une vieille femme malade qui habitait l'étage supérieur de la maison trois francs qui lui restaient encore. Telle était la générosité de ma mère.

Le lendemain était le jour de la distribution des prix du concours général. Un prix d'honneur qui m'était décerné s'en alla de la Sorbonne chez le libraire, qui m'en offrit quarante francs. C'était une magnifique édition des œuvres de Sénèque le philosophe. Jugez de mon bonheur! Ma mère alla chercher ma sœur, qui tenait les livres du marchand de chocolat, et nous dînâmes gaiement en famille. Ces fêtes-là sont rares dans ma vie, mais j'en garde fidèlement le souvenir. Ma sœur était la joie et la grâce même. Jolie, svelte et bien faite, d'un caractère doux et charmant, elle avait l'esprit insouciant de ma mère avec ce penchant à la moquerie qui distingue les vrais enfants de Paris. Hélas! pauvre sœur! Blanche comme un lis, avec des cheveux noirs et des yeux bleus, profonds comme la mer, des mains admirablement modelées, où la blancheur du marbre s'unissait à la transparence et à la vie, elle ressemblait par sa beauté fragile et brillante au papillon qu'une saison voit naître et mourir.

Ce soir-là pourtant, nous étions tout à la joie et nous n'attendions rien que d'heureux : un de nos amis, musicien allemand, qui jouait du cor à l'Opéra et qui vivait dans la même maison que nous, était du dîner. C'était une de ces âmes tendres et exquises, mais un peu molles, qui résistent difficilement au malheur. Sans adresse pour se garantir des chocs du monde extérieur, il recevait en silence tous les coups du Destin et se renfermait de plus en plus en lui-même. Quoiqu'il eût beaucoup d'esprit et de science musicale, et qu'il fût estimé de ses confrères, il n'avait jamais pu se faire connaître du public. La seule idée de se produire dans une assemblée et de donner un concert lui causait des tremblements nerveux. Cette timidité maladive lui rendait insupportable la moindre raillerie et le réduisait à un silence d'anachorète qu'il ne rompait guère qu'avec nous. Mais alors son esprit, jusque-là replié sur lui-même, déployait tout à coup ses ailes et prenait son essor vers des régions où nous avions peine à le suivre. Sa passion pour la musique, qui n'était pas pour lui un métier, mais le plus sublime de tous les arts, l'avait lié avec nous d'une étroite amitié.

Ma mère commençait à soupçonner qu'un sentiment plus passionné se mêlait à cette amitié; au moins avait-elle remarqué que rien n'aurait pu décider le pauvre Caïus Schweizer à quitter notre humble logis les jours (et cela arrivait deux fois par mois) où ma sœur Henriette venait passer la soirée avec nous. Et pourquoi non? De toutes les bonnes choses de la vie, l'amour n'est-il pas la meilleure et la moins chère, et la seule qu'aucun gouvernement ne puisse taxer ou interdire aux pauvres gens? Au reste, quoique Caïus fût jeune et même assez beau, sa timidité connue ne laissait pas craindre à ma mère que ces innocentes amours eussent le moindre danger.

Le dîner fut donc très-gai, quoiqu'on n'y vît rien de rare ou de coûteux, si ce n'est une bouteille de vin de Frontignan que le prodigue Schweizer avait obtenu la permission d'acheter chez l'épicier au prix de 2 fr. 25 c. (verre compris). Ce vin délicieux était une rareté estimable; car on peut, sans lui faire injure, attester que l'épicier n'avait pas suivi le précepte de la cuisinière bourgeoise: « Pour faire un civet, prenez un lièvre, » et que pas un raisin du département de l'Hérault n'était entré dans sa composition. Tel qu'il était, néanmoins, il suffit pour nous mettre en joie et délier la langue de Caïus.

Après qu'il eut longtemps parlé de Haydn, de Mozart et de Weber, qui étaient ses dieux :

« Caïus, interrompit ma mère, où donc avez-vous étudié la musique? On dirait que vous ne connaissez ni la France, ni l'Italie. Pas un mot de Rossini, de Cimarosa ou de Bellini! vous êtes un vrai sauvage échappé de la Forêt-Noire, mon cher Caïus.

— Hélas! répliqua Schweizer. Plût à Dieu, madame, que je fusse né comme vous au pays du soleil! Mais de quelle couleur peuvent être les rêves d'un Poméranien qui vit huit mois de l'année au milieu des brouillards? Quand la neige ou la pluie nous tient enfermés dans nos maisons, nous croyons entendre le cor résonner au loin dans la forêt, nous rêvons des vieux châteaux abandonnés, des vieux héros disparus, de Witikind et de Frédéric Barberousse, du grincement des épées qui heurtent les antiques armures, nous voyons les fées glisser sur la bruyère, et les pâles ondines entraîner au fond des eaux les beaux chevaliers à la barbe d'or ; voilà ce que chante à mes oreilles la musique de mon pays ; mais que pourrais-je comprendre à cette gaieté folle qu'on sent dans les opéras de Rossini, et de presque tous ceux qui sont nés dans la joyeuse Italie ?

— Caïus, dis-je à mon tour, ton âme sombre et ton air mélancolique m'intéressent. Dis-nous quelque chose de ton histoire ; car depuis trois ans que tu es notre voisin et notre ami, à peine savons-nous si tu viens de Danemark ou d'Abyssinie. Oublie pour un instant le farouche Odin et les blanches Walkyries, et dis-nous qui tu es. Justement, il reste encore un peu de frontignan dans la bouteille ; si tu parles, ce sera ta récompense. »

Schweizer mit sa main sur son front, enfonça ses doigts dans son épaisse chevelure blonde, toute ruisselante de génie méconnu, tendit son verre de la main gauche et dit:

« Que pourrais-je vous raconter? Je suis né en Prusse comme tous les Allemands, dans le village de Schwarzbourg, près de Stettin, le premier pays du monde pour fumer les oies et les jambons. Mon père, qui n'était pas plus grand seigneur que moi, mais qui avait quelques notions de musique, m'enseigna lui-même la flûte, le piano, le violon, le cor et le violoncelle; puis il m'envoya étudier à l'Université; car vous savez que tout le monde, ou peu s'en faut, est docteur *in utroque jure* en Allemagne. Mais le Destin en décida autrement; pendant que je pâlissais sur la métaphysique d'Hégel et de Schopenhauer, mon père, qui était juge du district, mourut, et comme je n'avais d'autres ressources que son traitement, je fus forcé, pour vivre, de m'enrôler dans l'armée. Un mois après, pendant que j'étais à l'exercice, rêvant à l'origine des choses, mon *moi*, préoccupé, se heurta rudement contre un *non-moi* brutal qui n'était autre que la canne du sergent instructeur.

Ce brave guerrier ayant commandé : « Charge en quatre temps ! chargez vos armes ! prenez la capsule ! amorcez ! couvrez la capsule ! saisissez l'arme à la poignée ! » je saisis mal à propos mon fusil comme si j'avais voulu faire le mouvement de l'escrime à la baïonnette. Mais la canne du sergent instructeur, tombant d'aplomb sur mes épaules, me rappela promptement à mon devoir. Je ne fus guère moins prompt à quitter un uniforme pour lequel je n'étais pas né. La nuit suivante, m'étant procuré des habits bourgeois, je fus assez heureux pour gagner sans encombre la frontière française ; et dès ce jour je devins un « Prussien libéré, » comme dit Henri Heine.

Si déserter est un crime, il faut que la Providence ait eu pour moi beaucoup d'indulgence, car non-seulement je n'ai jamais eu à subir la justice des hommes, c'est-à-dire la terrible canne du sergent, mais encore ma désertion ne m'a jamais donné le moindre remords. Bien plus, c'est à elle que je dois de vous avoir connus, et de boire ces dernières gouttes de frontignan entre vous, madame, Gaston-Phœbus et Mlle Henriette. »

Ici le bon Schweizer glissa du côté de ma sœur un timide regard qui ne fut pas trop mal accueilli, si j'en crois mes souvenirs.

Pauvre Schweizer! si bon et si doux!

Comment ma mère devina sa passion pour Henriette, comment elle vit qu'il était aimé, comment elle n'eut pas la force de s'opposer à leur bonheur, comment ils se marièrent sans songer qu'ils ne possédaient rien au monde et comment ils furent bientôt punis de cette témérité, je pourrais vous le dire; mais à quoi bon? Si leur bonheur fut court, au moins était-ce vraiment du bonheur. La robe d'Henriette était de coton, mais son cœur était d'or, et le pauvre Caïus, lorsqu'il rentrait au logis, fatigué de courir le cachet et de donner du cor, pouvait reposer sa tête sur un sein ami. Combien de gens sont traînés dans un chariot à quatre chevaux, qui n'en pourraient pas dire autant! Ah! si j'avais eu moi-même un bonheur pareil, je ne serais pas aujourd'hui à vous raconter mon histoire et à compter les heures qui me séparent de l'éternité!

Et, cependant, moi aussi, j'ai dû l'avoir; mais à quoi bon se souvenir?

Oui, j'ai aimé, moi aussi, et j'ai été aimé, — peut-être; car qui peut savoir si elle mentait ou si elle disait vrai?

II

Elle s'appelait Laure, et c'était ma cousine germaine. Sa mère, sœur de la mienne, avait épousé à Limoges un peintre sur porcelaine, artiste distingué, mais qui, par une fatalité qui semble s'attacher à toute notre famille, vivait à grand'peine du produit de son travail. Il mourut jeune, et sa veuve, accablée de chagrin et inquiète de l'avenir, ne tarda guère à le suivre. Par testament, elle léguait à ma mère le soin d'élever sa fille. C'est le seul legs qu'elle pût faire à qui que ce soit, et grâce au ciel, il ne fit pas entrer un centime dans la caisse de M. le receveur de l'enregistrement.

Laure avait alors seize ans et se trouvait sans aucun appui sur la terre, si l'on excepte ma mère, qu'elle n'avait jamais vue et à qui elle venait demander un asile. Par bonheur, l'heureuse confiance de la jeunesse ne lui permit pas d'hésiter sur ce qu'elle avait à faire. Elle vendit de son mieux le médiocre mobilier qui était sa seule ressource et partit pour Paris.

Est-il vrai, comme le croient beaucoup de gens, qu'un secret pressentiment, tantôt triste et tantôt joyeux, nous avertisse d'avance de tous les événements heureux ou malheureux qui doivent remplir notre vie? Mais alors pourquoi, à l'heure même où j'écris ces souvenirs et où je me prépare à mourir, ai-je l'esprit si libre et presque lumineux, au lieu d'être assombri, comme je le craignais, par l'approche des ombres de la mort? Serait-ce que la mort n'est qu'un passage à une meilleure destinée, et que je ressens déjà un avant-goût de la sérénité des cieux nouveaux où je vais entrer?

A coup sûr, le matin du jour où Laure arriva, j'éprouvais quelque chose d'extraordinaire. J'étais si loin de m'attendre à la voir, que je connaissais à peine son existence. Ma mère m'avait parlé quelquefois de sa sœur, mais elle ne l'avait pas revue depuis quinze ans, et la vie errante qu'elle avait longtemps menée avec mon père, l'empêchait d'écrire et de recevoir régulièrement des lettres. Cependant mon cœur débordait de joie comme si j'avais reçu la nouvelle du monde la plus agréable.

J'attendais justement alors le résultat des démarches que mon professeur de philosophie, qui me connaissait et m'aimait particulièrement, avait promis de faire pour me procurer un traitement qui pût faire vivre toute ma famille. Il devait parler de moi à un métaphysicien célèbre qui préparait un grand ouvrage sur l'origine et les croyances des peuples sémitiques, et qui, naturellement, comptait bien borner ses recherches à un résumé des commentateurs allemands. Mais encore fallait-il connaître l'allemand, car les traductions sont rares, et c'est au rôle modeste de secrétaire et de traducteur du grand homme que devaient se borner mes fonctions. Huit heures de travail assidu et douze cents francs par an, voilà l'offre qui m'était faite ; encore le grand homme étant allé passer la belle saison dans le château d'un banquier de ses amis, j'attendais impatiemment son retour pour conclure avec lui cette brillante affaire.

Quoique fort contrarié de ce retard (car l'argent manquait à la maison), je me promenais dans le jardin du Luxembourg avec un air de satisfaction et un contentement intérieur qui rayonnaient sur ma figure et faisaient presque retourner les passants. L'avenir me paraissait assuré comme si je n'avais dû attendre de la Providence que santé, honneurs, gloire et richesse.

« Je vais, me disais-je, travailler sous la direction de ce grand homme et mériter son amitié. Quand il aura publié son livre, qui ne peut manquer de faire sensation (d'avance trente ou quarante journaux l'ont proclamé chef-d'œuvre, et la première ligne n'est pas encore écrite) ; donc, quand il aura publié son livre, une petite part de gloire, si petite qu'on veuille la faire, ne peut pas manquer de rejaillir sur le secrétaire modeste qui aura traduit, résumé, réuni, coordonné toutes les parties de ce bel ouvrage, où le grand homme doit se borner à répandre les fleurs de son style admirable.

Le moins qu'il puisse faire pour moi, c'est de me recommander aux éditeurs et de me fournir les moyens d'arriver, moi aussi, à la gloire, au succès, à l'Institut, au Collége de France et à quatre ou cinq places bien payées par le budget. En tout cas, si le grand homme me néglige, et si les éditeurs me ferment leur porte, il me restera toujours la ressource d'étudier la langue chinoise qui n'est pas encore très-familière au peuple français et de remplacer, supplanter ou poignarder M. Stanislas Julien afin de prendre sa place, sa gloire et ses appointements. Grâce au ciel, les concurrents pour la chaire de chinois sont encore très-rares à Paris, et à défaut du chinois je pourrai me jeter sur l'arménien, le turc, l'hindoustani, le mandingue et le guarani, ou ce qui serait plus facile encore sur l'étude comparée des langues de l'Afrique avec celles de l'Asie. C'est là qu'on peut parler longtemps et impunément, sans craindre les interruptions et les murmures de l'auditoire.

Par le chinois, me disais-je encore, je pourrai facilement assurer le sort de ma mère et même celui de ma sœur Henriette, car le bon Caïus Schweizer ne me paraît pas de force à se tirer d'embarras lui-même si je ne lui donne pas un vigoureux coup d'épaule.

Tout en roulant ces ambitieuses pensées, je rentrai à la maison. Nous demeurions dans un petit appartement de la rue Racine, alors nouvellement construite, et qui faisait le principal ornement du quartier Latin. On n'avait pas encore imaginé de démolir la moitié de ce quartier pour y tracer le boulevard Sébastopol et le boulevard Saint-Germain. Deux chambres, une cuisine et une salle à manger formaient tout notre logement. Les meubles étaient en noyer; le soleil entrait par toutes les fenêtres, et, quoiqu'il n'y eût pas dix francs dans le secrétaire, nous ne portions pas envie à la Banque de France et à ses directeurs.

Je montais l'escalier en fredonnant un air du *Domino Noir*, ce chef-d'œuvre du plus spirituel des musiciens de France; ma mère vint m'ouvrir la porte et me dit :

« Entre vite; ta sœur est arrivée. »

Il faut vous dire qu'Henriette était mariée depuis cinq mois avec Caïus Schweizer et que les deux nouveaux époux étaient allés faire un voyage sur les bords du Rhin pendant l'été. C'est là que Caïus devait donner des concerts. Il avait déjà écrit pour énumérer les croix, les tabatières et les autres marques d'estime que lui valait de la part du roi de Bavière, du grand-duc de Bade et du duc de Darmstadt son incomparable talent de corniste. Malheureusement, les thalers ne pleuvaient pas en même temps que les décorations. Je crus donc de bonne foi que ma sœur et son mari, rassasiés de gloire, étaient revenus à Paris.

« Où est-elle? demandai-je avec empressement,

— Dans ta chambre, » répondit ma mère, qui souriait sous cape.

J'ouvris la porte pour m'élancer dans les bras d'Henriette et je me trouvai face à face avec une jeune fille vêtue de deuil que je n'avais jamais vue et qui serrait du linge dans ma propre commode, après en avoir ôté celui qui la garnissait.

« Ma chère Laure, dit ma mère en me poussant vers elle, voilà ton frère. »

Laure se retourna, s'avança gracieusement vers moi, m'offrit en souriant ses deux joues que je baisai sans savoir ce que je faisais, tant j'étais surpris de la nouveauté de l'aventure, et ne parut pas plus embarrassée de ma présence que si nous eussions passé dix ans l'un près de l'autre et la main dans la main.

— Maintenant, ajouta ma mère en interrompant un compliment très-entortillé dans lequel je menaçais de me perdre, la présentation est faite. Gaston-Phœbus, donne la main à Laure et allons dîner. »

Je ne sais pas si le dîner était meilleur qu'à l'ordinaire, ou si le vin était plus généreux, ou si les yeux bleus de ma cousine (vous ai-je dit qu'elle avait les cheveux noirs et les yeux bleus, association presque divine) m'avaient déjà tourné la tête et délié la langue, mais je pris la parole au potage pour ne la quitter qu'au dessert.

Là pourtant il fallut s'arrêter et prendre haleine un instant, dont ma mère profita pour me raconter par suite de quel triste événement Laure avait été forcée de chercher un asile chez nous.

« Maintenant, ajouta-t-elle en riant, puisque ma famille devient plus nombreuse, il faut fonder une colonie dans le voisinage. C'est toi, Gaston-Phœbus, qui seras obligé de nous quitter.

— Mais.... interrompit Laure, je ne veux pas, ma chère mère, causer un tel dérangement chez vous, et, plutôt que de déranger M. Gaston-Phœbus, j'aimerais mieux....

— Mais, ma chère enfant, dit ma mère, puisque tu es ma fille, il faut m'obéir et ne pas répliquer. Et d'abord, quitte ce ton cérémonieux, et ne dis plus : « monsieur Gaston-

Phœbus, » ce qui me ferait croire que tu veux parler de l'empereur de la Chine ou du souverain des Iles inconnues. Gaston-Phœbus est plus que ton cousin, il est dès aujourd'hui ton frère, et mieux que cela, ton protecteur et le chef de la famille. Il doit t'aimer, te servir, te défendre, te distraire même quand tu seras triste ou ennuyée, et si je sais bien lire dans ses yeux, ce rôle ne lui sera pas trop désagréable.

— Ne suis-je pas trop heureux, dis-je alors, de trouver une sœur si aimable et si belle pour remplacer celle que Caïus Schweizer m'a enlevée?

— C'est bien, c'est bien, dit ma mère. Ne prends pas feu si vite. Laure n'a pas besoin de tes compliments pour savoir qu'elle est belle, et il s'agit entre nous de choses plus sérieuses. Dès ce soir, tu vas quitter ce logis.

Quoi! déjà? dis-je d'un air triste.

— Rassure-toi, continua ma mère. Tu n'iras pas bien loin. Je viens de louer pour toi une chambre sous les toits, au cinquième, dans la maison. C'est une mansarde fort jolie, car le soleil entre par une fenêtre assez étroite et tu pourras marcher de plein pied sur les toits du voisinage. Toi, ma chère Laure, tu vas prendre sa place. Gaston-Phœbus vivra du reste avec nous, et je compte bien qu'il nous mènera le soir à la promenade jusqu'à l'entrée de l'hiver. C'est convenu, n'est-ce pas?... Eh bien, cher ami, monte dans ta mansarde, tes livres y sont déjà. Moi, je veux causer avec cette enfant. D'ailleurs elle est fatiguée du voyage. Elle a passé vingt-quatre heures en diligence et en wagon; il est temps qu'elle dorme. Bonsoir, Gaston-Phœbus. Va rêver aux étoiles. C'est le plus grand plaisir de la vie, celui qui coûte le moins cher et qu'on peut le mieux te donner à ton âge.

Là-dessus elle m'embrassa deux ou trois fois, suivant sa coutume, et me poussa dehors par les épaules.

Ce qui est étrange, c'est que j'avais moi-même grande envie d'être seul pour réfléchir sur mes propres impressions, et que je sortis presque avec plaisir. Cependant je n'allai pas bien loin.

Je gravis quatre à quatre les marches de l'escalier, et je me hâtai d'ouvrir la porte de la mansarde dont j'étais devenu le locataire d'une manière si imprévue.

Ma chambre était un peu haut perchée, je l'avoue, mais meublée et arrangée suivant mon goût et ma fantaisie. Outre une foule de brimborions élégants ou précieux dont son appartement était rempli, et qui étaient comme les derniers souvenirs de son ancienne fortune, ma pauvre mère avait eu soin d'y entasser tous les objets qui pouvaient être à mon usage. Au premier rang figurait le sabre de mon père, qui s'était ébréché sur la tête d'un émir Afghan dans je ne sais quel combat, aux environs d'Hérat ou de Candahar. A un clou voisin était accrochée sa pipe, — une pipe admirable, — présent du shah de Perse. A droite de la fenêtre était un portrait de George Sand en habit d'homme ; à gauche, sur une étagère, trois ou quatre statuettes de Pradier, représentant de jeunes demoiselles dans le costume d'Ève avant le péché.

Tout cela, je dois le dire, n'était pas du goût

de ma mère ; mais elle aurait cru commettre une impiété en m'empêchant de satisfaire la moindre de mes fantaisies. Or, Pradier était à la mode en ce temps-là, et il n'est pas un étudiant qui ne crût comprendre les parties les plus sublimes de l'art en mettant sur sa cheminée quelqu'une de ces gracieuses nudités.

Un peu plus loin étaient quelques vieilles gravures de Poussin et de Claude Lorrain, et à côté de ces gravures, ma bibliothèque, la partie la plus précieuse de mon mobilier. C'est là que les œuvres des musiciens, des poëtes et des philosophes étaient entremêlées dans un parfait désordre. Beethoven y coudoyait Homère et la Bible ; Mozart avait sa place entre Racine et Shakespeare ; Boïeldieu et Rossini entre Voltaire et Chateaubriand.

En face de la fenêtre était mon lit, et au pied du lit un fauteuil rembourré de paille, une table en bois blanc et une chaise. Je n'avais pas lieu de me plaindre. Ma chambre, assez étroite, mais très-longue, me permettait la promenade.

Mon premier soin en prenant possession

de ma mansarde fut d'ouvrir la fenêtre et de regarder le ciel. Je dis le ciel, car les voisins étaient trop au-dessous de moi pour que je pusse les voir commodément. Mais je n'étais pas curieux, et si l'on excepte la fille d'un menuisier, de qui j'avais reçu déjà quelques agaceries, je ne me souciais guère des autres habitants de la rue.

Ce soir-là, du reste, suivant la prédiction et les encouragements de ma mère, je m'assis dans mon fauteuil et je me mis à contempler les étoiles. C'est la bonne manière de suivre doucement, et en rêvant, la pensée qui vous est chère. Naturellement, la première pensée qui me vint à l'esprit, ce jour-là, fut que j'avais acquis une bien jolie cousine et qu'il me serait doux de passer ma vie près d'elle.

Je cherchais à me rappeler ses yeux, si profonds et si doux, sa bouche gracieuse, son fin sourire, le son de sa voix, qui était si pénétrante et si suave, et je conclus en peu de minutes que je n'avais jamais vu sur la terre une créature aussi idéale, et que mon devoir était de me faire tuer pour elle, à la première occasion qui pourrait se présenter. A vrai dire, ce que j'éprouvais surtout était un sentiment de bien-être et de sérénité extraordinaire, un besoin d'aimer Laure et de me dévouer à elle et de lui rapporter toutes mes pensées. Il me semblait que j'aurais eu du bonheur à me battre pour elle, à me jeter au milieu d'un incendie, à braver la mitraille et les épées, à défier tout l'univers en son nom et sous ses yeux. C'est le commencement ordinaire de l'amour dans les cœurs novices. Hélas! quelle en est la fin?

Le résultat de tous ces beaux rêves fut, comme on doit s'y attendre, une belle pièce de poésie imitée des élégies d'André Chénier. Cent trente vers, — pas un de plus, pas un de moins, — furent consacrés à chanter les grâces et les vertus de Laure... Ah! si j'avais pu prévoir l'avenir!...

Puis, comme l'aube blanchissante faisait fuir les étoiles et m'avertissait de l'approche du soleil, je me déshabillai en un clin d'œil, je me couchai et je dormis d'un profond sommeil jusqu'à dix heures du matin.

A ce moment, ma mère, étonnée de ne pas me voir paraître, monta dans ma mansarde, tourna sans bruit la clef que j'avais laissée dans la serrure, et vit sur ma table un papier tout barbouillé de ratures. C'était ma poésie. Elle s'assit, lut tout bas d'abord, puis tout haut les premiers vers, et en ouvrant les yeux et les oreilles, j'eus le plaisir (était-ce bien un plaisir ?) de reconnaître que mon génie poétique ne pouvait pas rester secret plus longtemps.

Certes, quoique je n'eusse rien de caché pour ma mère, j'aurais donné beaucoup de choses pour que le maudit papier fût brûlé, ou noyé dans l'Océan, ou déchiré en mille morceaux ; je refermai les yeux avec affectation et je feignis de dormir, mais ma mère ne voulait pas lâcher prise.

« Eh bien, dit-elle, en s'approchant de mon lit, voilà de très-jolis vers. Je ne m'étonne plus si tu dors encore à dix heures du matin. Allons, Gaston-Phœbus, ne fais pas la sourde oreille ; tes vers sont très-jolis, je t'assure, et après tout, il n'y a pas de mal à faire des vers pour Laure. Tu en feras peut-être pour des dames qui ne la valent pas.... Seulement, je te conseille de faire attention à tes rimes. Elles ne sont pas toutes de la même qualité. *Laure*, par exemple, ne va pas très-bien avec *sycomore*, ni *rive* avec *captive;* mais pour un début, ce n'est pas mauvais.... Est-ce vraiment un début ? »

Je fis signe, sans parler, que c'était en effet un début.

« Ah! continua ma mère, tu m'étonnes.... Je croyais que Mlle Sylvie, la fille du menuisier d'en face, avait déjà vu de tes rimes.... Je me trompais?... C'était de la prose?... Non?... ce n'était rien du tout... Allons, tant mieux... Mais il me semble que j'avais vu certain soir de ma fenêtre glisser certain billet dans la main de certaine demoiselle.... »

C'était la vérité, mais je n'en voulus pas convenir et je niai hardiment m'être jamais soucié de Sylvie ou de toute autre fille de menuisier, de charpentier ou de peintre en bâtiment.

« C'est bon, interrompit ma mère, je te

crois.... D'ailleurs, c'est ton devoir de le dire, quand même ta correspondance avec Mlle Sylvie serait aussi volumineuse et aussi prolixe que la *Somme* de saint Thomas d'Aquin.... Maintenant, mon cher enfant, c'est beaucoup d'honneur que tu fais à Laure en écrivant pour elle une si belle pièce de poésie ; mais si tu devais continuer ton poëme ma tâche de mère deviendrait trop difficile, et je serais forcée de me séparer de Laure ou de toi.... Or, comme Laure est parfaitement innocente de tes folies, je ne veux pas être obligée de choisir entre vous.

« C'est pourquoi tu vas déchirer tes vers.... ou mieux (car il ne faut pas décourager les poëtes), tu vas les cacher au fond de ton tiroir jusqu'à ce que tu puisses en trouver l'emploi au dehors, ce qui ne tardera pas, je te le garantis.... Puis tu vas descendre avec moi....tu embrasseras Laure très-raisonnablement et très-fraternellement sur les deux joues ; tu la tutoieras dès le premier mot ; tu la regarderas déjeuner, marcher, parler, s'occuper du ménage comme une personne naturelle, et tu seras bien vite guéri de faire des vers en son honneur. Gaston-Phœbus, mon ami, ferme ta porte avec soin et descendons. »

Pendant cette courte et indulgente réprimande, je m'étais habillé. Je la suivis, et j'exécutai ses ordres de point en point.

Laure me reçut fort bien, et dans ses yeux, d'un bleu profond et tranquille, je pus lire aisément qu'elle avait passé une très-bonne nuit, qu'elle avait dormi à merveille, et qu'elle n'avait pas songé un seul instant à faire des vers en mon honneur. Dès les premiers moments elle prit sa part des soins du ménage, comme si elle n'avait jamais fait autre chose. Quoique très-simplement vêtue, elle avait dans la démarche et dans la physionomie ce charme indescriptible auquel on reconnaît la femme qui peut porter avec la même grâce et la même dignité les habits d'une reine et ceux d'une paysanne.

Son père, artiste de grand mérite, qui avait passé toute sa vie à lutter contre la mauvaise fortune, avait pris soin de lui enseigner les premiers éléments de son art, et la musique (étant bon musicien lui-même); mais il était mort trop tôt pour achever son œuvre, et si Laure, orpheline à seize ans, connaissait assez de musique et de peinture pour vivre de son travail, sa science, assez courte d'ailleurs en toute chose, lui venait d'un heureux instinct plutôt que de l'éducation. C'est ce que ma mère avait très-vite reconnu dès la veille.

« Ma chère enfant, dit-elle après le déjeuner, tu as besoin d'étudier encore, et c'est Gaston-Phœbus qui sera ton professeur.... Ne va pas croire pourtant que Gaston-Phœbus soit un grand clerc parce qu'il a obtenu au mois d'août dernier le prix d'honneur de philosophie au concours général.... Non, c'est un garçon studieux et qui n'est pas encore pédant.... C'est déjà beaucoup.... Pour toi, ma chère enfant, il n'y a pas deux partis à prendre. Tu es trop jeune pour donner des leçons de musique et courir le cachet comme un professeur. De peindre sur porcelaine comme faisait ton père, cela pourra venir, mais il faut patienter en attendant qu'on te donne du travail. Quant à coudre et à broder, c'est un métier qui ne nourrit personne, et où tu aurais usé tes yeux avant deux ans.... Or, des yeux comme les tiens méritent qu'on les respecte.... Je ne vois donc qu'un seul parti à prendre.... »

Ici ma mère fut interrompue par un coup de sonnette. J'allai ouvrir la porte et je me trouvai en face de la portière, une brave femme curieuse, bavarde, indiscrète, qui brûlait de connaître toutes les affaires de ses locataires et qu'avait intriguée la brusque arrivée de Laure.

« Pardon, excuse, madame, si je vous dérange, dit-elle. C'est une lettre qui vous arrive, et comme le facteur m'a dit qu'elle était pressée, j'ai voulu vous la porter à vous-même. »

Cette explication n'était pas inutile, car Mme Bernardin n'était pas femme à porter les lettres de ses locataires, — excepté dans les plus graves circonstances; mais l'arrivée de Laure était à coup sûr une de ces circonstances graves.

« Et à quel signe le facteur a-t-il vu que la lettre était pressée? demanda ma mère en riant.

— Est-ce que je sais, moi? répondit la portière embarrassée. C'est M. le directeur de la poste qui le lui aura dit, bien sûr.... Mais, madame, ajouta-t-elle, est-ce que cette belle demoiselle que je vois ici ne veut pas me donner son nom? Si par hasard elle avait des lettres à recevoir....

— Ne vous inquiétez pas, madame Bernardin, dit ma mère, si ma nièce reçoit des lettres, c'est à moi qu'elles seront adressées.

— Ah! c'est différent, dit alors la portière, puisque mademoiselle est votre nièce.... Bonjour madame, bonjour mademoiselle. »

Et elle sortit à demi satisfaite. Elle ne connaissait pas le nom de Laure, mais du moins elle savait que Laure était nièce de quelqu'un.... C'est déjà beaucoup.

La lettre était de mon professeur. La voici, car je l'ai conservée :

« Madame,

« Gaston-Phœbus peut se présenter quand il voudra chez M. Plotin....

(Plotin était le nom du grand homme auquel il m'avait recommandé.)

« .... Il sera bien reçu. M. Plotin est arrivé hier au soir de la campagne. Il a trouvé chez son portier ma carte et celle de Gaston-Phœbus. C'est une affaire convenue; M. Plotin attendra Gaston-Phœbus entre deux heures et deux heures et un quart. Avant ce temps, il travaille; après, il va à l'Institut. Que Gaston-Phœbus ne manque pas cette occasion unique d'apprendre à travailler sous la direction de l'un des plus grands esprits de ce siècle et peut-être de tous les siècles.... surtout, qu'il soit modeste.... qu'il parle peu.... M. Plotin est éloquent et parlera pour deux.... Gaston-Phœbus n'a besoin que de répondre aux questions.

« Agréez, je vous prie, madame, les vœux que fait, pour votre bonheur et pour celui de votre fils, le plus dévoué de vos amis.

« CH. AUBARET,
« Professeur de philosophie au collége ***. »

« Eh bien! mes chers enfants, dit ma mère

en repliant sa lettre, l'avenir est à nous, et un brillant avenir, je l'espère.

« La pension de retraite qu'on me fait est de quinze cents francs ; Gaston-Phœbus en aura douze cents ; c'est deux mille sept cents francs de rente que nous avons entre nous trois.... Combien de gens voudraient en avoir autant!

— Mais, ma mère, interrompit Laure timidement, il me reste à moi sept cents francs....

— De rente?

— Non, de capital.

— Bien, dit ma mère, garde-les avec soin, cela pourra te servir plus tard...Et toi, Gaston-Phœbus, viens ici que je refasse le nœud de ta cravate, prends ton chapeau et cours chez M. Plotin. Tu n'as plus que dix minutes jusqu'à deux heures. »

III

Je descendis rapidement l'escalier et je courus chez M. Plotin qui demeurait rue de Vaugirard, sur la frontière du jardin du Luxembourg, au second étage 'une grande et vieille maison. Les fenêtres de son appartement s'ouvraient sur le jardin, et l'on voyait de loin, entre les arbres, la coupole de l'Observatoire.

Une vieille femme fort laide et assez grognon vint m'ouvrir la porte et me demanda de l'air du monde le moins caressant à qui j'avais affaire. Si par l'accueil des domestiques on peut juger de celui des maîtres, j'eus lieu de craindre que M. Plotin, tout philosophe qu'il était, ne fût pas le plus aimable des hommes. Cependant, après que j'eus décliné mon nom et affirmé que j'étais attendu, elle consentit à m'introduire.

Le grand homme était debout devant sa fenêtre et se faisait la barbe.

« Qui est là? dit-il d'un ton peu rassurant pour le nouveau venu.

— Monsieur, répliqua d'une voix aigre la vieille femme, c'est un monsieur qui dit que vous l'attendez.

— Qui? moi! je n'attends personne, cria M. Plotin. Dites à ce monsieur que je travaille, que je n'ai pas le temps de le recevoir aujourd'hui. Qu'il revienne un autre jour. »

Cette réponse, que j'entendais fort distinctement, me glaça le cœur. Faites attention que j'étais jeune, timide, sans expérience, que je respectais d'avance et vénérais à l'égal d'un demi-dieu ce grand homme dont j'allais devenir le secrétaire, et enfin souvenez-vous que je comptais sur lui pour vivre et faire vivre ma mère et ma cousine.

La vieille femme revint vers moi et me dit :

« Monsieur a répondu qu'il ne vous connaissait pas, et qu'il faudrait revenir un autre jour.

— S'il ne me connaît pas, dis-je à mon tour, présentez-lui ma carte. »

Et au bas de mon nom, j'écrivis :

« De la part de M. Ch. Aubaret, professeur de philosophie. »

La vieille femme rentra en grognant dans la chambre.

« Eh bien, quoi? Qu'est-ce encore? demanda le grand homme. Est-ce qu'on ne peut pas faire sa barbe en paix? Anastasie, que me voulez-vous?

— Monsieur, dit Anastasie, ce jeune homme insiste. Il m'a priée de vous présenter sa carte.

— Que le diable l'emporte! s'écria M. Plotin irrité. Voyons donc la carte de ce seigneur qui ne veut pas me laisser en paix.... Gaston-Phœbus Cahorzac!... Ah! c'est ce jeune homme dont on m'a parlé.... Voyons, qu'il entre, puisqu'il veut entrer à toute force. »

J'entrai donc enfin, mais fort inquiet, comme on peut croire, de l'accueil qui m'était réservé. La suite de l'entrevue ne démentit pas le commencement.

M. Plotin se faisait la barbe comme je l'ai dit. La joue droite était à demi rasée. La gauche était barbouillée de savon, aussi bien que le nez. Lui-même était en manche de chemise, sans paletot et sans gilet, et relevait de la main gauche l'extrémité de son nez pendant que la main droite promenait le rasoir au-dessus de la lèvre supérieure.

C'est dans cette attitude pleine de naturel que je l'aperçus pour la première fois.

« Approchez, monsieur Cahorzac, je suis un peu pressé, et nous ne pourrons pas causer beaucoup aujourd'hui, car je vais dans un instant à l'Institut, où l'on m'attend, et de là chez Mme la duchesse de Northerland, où je dois dîner avec lord Abercorn et le duc d'Exeter.... Aubaret m'a parlé de vous.... vous avez fait de bonnes études, à ce qu'il m'a dit; mais

vous n'avez pas encore beaucoup de lecture....
Connaissez-vous Sanchoniathon?...

— De réputation, oui, monsieur.

— Ah! ah! seulement de réputation?... Et Bérose le Chaldéen?... Pas beaucoup, n'est-ce pas? Mais au moins vous avez lu les poëmes de Ferdouzi?... Non? pas encore?... Allons, je vois que vous êtes un peu plus novice que je ne l'avais cru d'abord.... C'est un malheur.... Que pensez-vous de Jamblique?... Rien!... Et de Scot Erigène? Rien encore!... Mais vous n'avez donc rien lu!... Et que dites-vous de saint Thomas d'Aquin?

— Que c'était un grand docteur.

— Oui, sans doute. Mais que pensez-vous de sa doctrine?... Moi, je préfère Thomassin.... Ce n'est pas une imagination aussi haute, aussi vaste, aussi profonde, mais c'est une logique bien supérieure.... L'un plane dans l'éther comme l'aigle; mais l'autre trace lentement son sillon, — lentement et sûrement. La logique, mon ami, la logique, c'est le phare de l'humanité; c'est la colonne de feu qui a guidé les Hébreux au désert, c'est l'étoile polaire des métaphysiciens.... Au moins, vous avez lu Kant ?

— *La Critique de la raison pure*, oui, monsieur.

— Un grand homme, ce Kant! un divin génie, cet Emmanuel! Le moule de ces hommes-là est cassé.... du moins en Allemagne, ajouta-t-il en se reprenant avec un secret retour sur lui-même. Savez-vous qu'Emmanuel Kant a vécu soixante ans à Kœnigsberg, oui, soixante ans sans mettre le pied hors de sa patrie et de son université ? Savez-vous qu'il n'a jamais fait qu'une promenade par jour, toujours la même et sous les mêmes tilleuls ? Savez-vous qu'il se levait tous les jours à la même heure, déjeunait à la même heure, buvait tous les jours la même quantité de café au lait, qu'il écrivait et parlait aux mêmes heures, qu'il mettait tous les matins la même perruque et l'ôtait tous les soirs pour la remplacer par le même bonnet de coton ? Savez-vous qu'il n'a vécu que pour la philosophie, qu'il n'a connu ni l'amour, ni l'ambition, ni l'avarice ? Oui, je le répète, le moule de ces hommes-là est cassé.... »

Effectivement, M. Plotin n'était pas homme à ne connaître ni l'ambition, ni l'avarice. Quant à l'amour, si la chronique est aussi véridique qu'indiscrète.... Mais pourquoi révéler les faiblesses d'une grande âme?

Tout en parlant, il avait fini de se raser et remettait sa cravate.

« Voilà, continua-t-il, les modèles qu'il faut se proposer : Descartes, Kant, Newton.... Quel homme, que ce Newton ! A l'âge de quatre-vingts ans, on pouvait faire de lui le même éloge que de Jeanne d'Arc : il n'aimait que les binômes et les sections coniques, bien supérieur en cela à Pascal, qui aima Mlle de Roannez.... Aussi était-elle duchesse, ou sœur d'un duc, ce qui revient au même.... Ah! dit-il en baissant la voix et se parlant à lui-même, les duchesses!... voilà l'écueil des plus grands cœurs!

« A propos, continua-t-il en cherchant son gilet, vous savez ce que j'attends de vous? Aubaret m'a dit que vous saviez très-bien l'allemand, le grec et l'anglais... Il faudra que vous me traduisiez deux ou trois volumes allemands que je vais vous indiquer. Connaissez-vous le docteur Karweighauser, de l'université d'Iéna? Il a fait sur les origines du Zendavesta un commentaire en trois volumes que je vous recommande de lire avec soin, et d'analyser chapitre par chapitre en traduisant çà et là les passages les plus importants.... Je vais vous donner un billet pour le bibliothécaire de l'Institut, qui vous remettra cet ouvrage. Vous m'apporterez demain matin l'analyse du premier volume..... N'oubliez pas! chapitre par chapitre!...

« Je suppose, dit-il encore, que vous connaissez les conditions de votre entrée. Vous viendrez tous les matins à huit heures, vous irez déjeuner à midi, vous rentrerez à une heure, et vous pourrez aller dîner à cinq heures. S'il arrive que le travail soit un peu pressé, et qu'il soit nécessaire de mettre les morceaux doubles, je suppose que vous ne refuserez pas d'emporter vos livres chez vous et de travailler un peu dans la soirée ; mais cela n'arrivera que rarement.... Je sais que les jeunes gens ont besoin de distractions.... Vos appointements ne seront pas très-élevés ; mais l'homme qui travaille n'a pas besoin d'argent.... Au reste, je vous donnerai ce que j'ai reçu moi-même au commencement de ma carrière, et vous voyez que cela ne m'a pas empêché de faire mon chemin. »

J'avoue que cette partie de son discours m'intéressait beaucoup plus que tout ce qu'il avait dit de la chasteté de Newton et des habitudes régulières de Kant.

« Oui, dit négligemment M. Plotin, huit cents francs ne sont pas une forte somme, et il n'y a pas là de quoi mener les violons, mais...

— Mais, répliquai-je assez timidement, il me semblait que M. Aubaret m'avait parlé de douze cents francs.

— Douze cents francs ! s'écria le grand homme d'un air indigné. Douze cents francs ! Et où voulez-vous, mon cher, que je les prenne !

— Dans la caisse de l'État, aurais-je pu répondre, » car ses divers traitements ne s'élevaient pas à moins de quatre-vingt mille francs par an.

Mais je crus pouvoir faire observer que la parole de M. Aubaret....

« Aubaret! Aubaret! dit M. Plotin. Aubaret se sera trompé; il aura mal entendu, ou mal répété ce que je lui ai dit, ou plutôt, car je m'en souviens à présent.... non, il n'a pas mal entendu ni mal répété; mais Aubaret croyait sans doute que vous connaissiez Jamblique, Bérose, Sanchoniathon, Ferdouzi. Vous ne les connaissez pas... il faut étudier, mon cher... Au reste, si ces huit cents francs ne vous suffisent pas, il n'y a rien de fait. Vous pouvez vous retirer, et quoique Aubaret se soit engagé pour vous, je vous rends votre parole.... »

C'est justement ce que je craignais. Comment revenir à la maison et raconter ma déconvenue à ma mère et à Laure? Quatre cents francs de moins, sans doute, c'était beaucoup dans un budget aussi mince que le nôtre; mais je n'avais le choix qu'entre ces huit cents francs et rien. Le temps pressait. Trouverais-je une autre occupation? Et d'ailleurs, ne pouvais-je pas, en me levant à cinq heures du matin, en me couchant à minuit, travailler pour moi-même et gagner quelque argent?

Je fis ces réflexions en deux secondes, et sans hésiter, je subis les conditions de M. Plotin.

Il parut satisfait de ma promptitude, et pour juger tout de suite de ma capacité, il me mit entre les mains un volume des œuvres de Schelling et me pria de traduire le texte allemand en français, et que je fis avec la plus grande facilité et comme si j'avais lu une tragédie de Racine.

« C'est bien, dit-il, c'est très-bien... Aubaret ne m'avait pas trompé, et je vois que nous ferons, vous et moi, de bonne besogne... Mon cher, c'est un vrai bonheur d'être tombé dans mes mains. Il est vrai que vous travaillerez beaucoup et que vous ne ferez pas fortune; mais je vous formerai, je vous dirigerai, et même, si vous répondez à mon attente, j'aurai soin de votre avenir.... La pauvreté est nécessaire aux jeunes gens comme l'éperon aux chevaux. C'est elle qui les excite, qui les aiguillonne, et qui leur souffle les grandes pensées. Un homme qui est riche en naissant ne vaudra jamais rien. »

Tout en parlant, il griffonnait un billet à l'adresse du bibliothécaire de l'Institut, le priait de remettre en son nom et pour lui au porteur de ce billet, l'ouvrage du docteur Karweighauser sur les origines du Zendavesta.

Je pris avec respect l'autographe, je saluai le grand homme, j'allai droit à la bibliothèque de l'Institut, je me fis remettre les trois volumes, et je rentrai chez ma mère avec la gaieté d'un homme qui est sûr de gagner par mois l'immense, splendide et miraculeuse somme de soixante-six francs soixantes-six centimes.

Ma mère écouta en riant le récit de ma mésaventure. Chère âme! Elle riait toujours de tout, et je ne crois pas qu'elle se soit mise en colère une fois en sa vie.

« Eh bien! dit-elle, Gaston-Phœbus gardera un peu plus longtemps son paletot, que je voulais remplacer le mois prochain, car il rit aux coudes; ce n'est qu'une mauvaise année à passer. L'an prochain, Gaston-Phœbus aura vingt ans; il se sera fait connaître, et il trouvera quelque chose de mieux que le poste de secrétaire-traducteur aux gages de M. Plotin.

— Et moi, dit Laure à son tour, ne suis-je bonne à rien ?... Et si Gaston-Phœbus retrouve les origines du Zendavesta, ne puis-je pas peindre des tasses et des soucoupes ?...

— Bien dit ! répliqua ma mère. Laure est une brave enfant qui travaillera comme nous. Mes leçons de musique me donneront bien aussi quelque argent, et nous allons amasser des trésors.... Allons, pour commencer, mon pauvre Gaston-Phœbus, va faire l'analyse du docteur Karweighauser. »

IV

Les deux années qui suivirent ont été les plus heureuses de ma vie. Une concorde parfaite régnait dans notre famille. Tout le monde — et même ma sœur Henriette et mon beau-frère Caïus Schweizer, qui étaient revenus à Paris, mais qui faisaient ménage à part, — obéissait à ma mère, dont tous les ordres n'avaient pour but que notre propre bonheur. Je passais la journée chez M. Plotin ou dans les bibliothèques publiques, faisant des recherches pour le grand homme, écoutant avec un pieux respect toute parole qui tombait de sa bouche célèbre, et remerciant le Ciel de m'avoir donné un tel maître.

Après dix-huit mois de relations plus familières, ce respect commença cependant à diminuer. Je m'aperçus que le grand homme, semblable en ce point à plusieurs de ses confrères, avait sa bonne part des faiblesses humaines. Je devinai l'empire qu'exerçait sur lui une vieille femme assez laide et très-acariâtre qu'il avait sans doute connue aux premiers jours de l'étincelante jeunesse, et je reconnus plus d'une fois à mes dépens que l'humeur du grand homme n'était qu'un reflet de celle de Mme Corbin-Duriveau (ainsi se nommait la vieille dame).

Ce n'était rien encore, car je trouvais mille prétextes pour m'éloigner aussitôt qu'elle paraissait à l'horizon ; mais j'eus bientôt des sujets de plainte plus sérieux.

Tout grand homme qu'il était, beau génie, éloquent écrivain, bien vu des duchesses, et membre de trois sections de l'Institut, M. Plotin ne dédaignait pas de s'approprier mes propres idées; mais je dois reconnaître qu'il ne manquait jamais de les habiller de son style pompeux, régulier et sonore comme une période de Bossuet.

La première fois que je m'aperçus de l'honneur qu'il me faisait, j'en conçus, comme on peut se l'imaginer, un légitime orgueil. Grâce à la réputation du grand homme, je voyais mes conjectures sur les migrations des Mongols et des habitants de la Transoxiane devenir la proie de toute l'Europe savante; l'Iran et le Touran n'avaient plus de secrets pour moi; j'avais cru deviner le sens de tous les symboles; je déchiffrais à livre ouvert tous les mystères de la théologie persane; les docteurs allemands, confondus, élevaient en vain la voix contre mon système; les Anglais et les Italiens reconnaissaient la vraisemblance et la profondeur de mes explications; je me voyais déjà montant les premiers échelons de la renommée, car je ne doutais pas que le grand homme, aussi généreux ou, pour mieux dire, aussi équitable que grand, ne rendît pleinement justice à mes efforts et ne déclarât, au moins dans sa préface, la part que j'avais dans sa gloire, et déjà je faisais part à ma mère et à Laure de mes ambitieuses espérances.

Naturellement, ni l'une ni l'autre ne doutait que je dusse être appelé aux plus hautes destinées. Et comment en auraient-elles douté? n'étais-je pas leur unique ami, défenseur, appui, soutien en ce monde? Car le pauvre Schweizer, avec l'âme la meilleure et la plus délicate qu'on pût rencontrer, était affligé d'une faiblesse de caractère qui le mettait à la discrétion de tous ses amis. Ma sœur Henriette, qui l'aimait tendrement, sentait pourtant cette faiblesse et se voyait avec douleur obligée de lui donner du courage, quand elle aurait dû en recevoir de lui.

Du reste, nous n'avions aucun secret les uns pour les autres. La pauvreté qui a tant d'inconvénients de toute espèce, a du moins ce grand avantage qu'elle redouble l'intimité de ceux qui s'aiment. Quand on vit dans un espace resserré, il faut se haïr ou s'adorer. Tous les soirs, dès que je revenais à la maison, je me délassais un instant à raconter à ma mère et à Laure les études de la journée. J'interrogeais Laure à son tour, car ma mère, qui ne comptait pas beaucoup sur la musique et la peinture, avait voulu que sa fille adoptive obtînt le brevet d'institutrice.

« Tu profiteras de ta science pour vivre et n'être à la discrétion de personne, disait-elle souvent, et si tu dois être riche, tu pourras faire toi-même l'éducation de tes enfants. Dans tous les cas, le temps qu'on emploie à étudier et à réfléchir n'est jamais perdu. »

Une partie de la soirée se passait donc à étudier en commun, et à lire les œuvres des plus grands écrivains de tous les temps. J'étais heureux de faire la lecture moi-même et de répondre à toutes les questions que suggérait à Laure son esprit curieux et avide de connaître. Souvent ma mère, qui avait eu une voix magnifique et qui lisait à livre ouvert la musique la plus difficile, nous chantait quelques morceaux d'opéra, et Laure, s'asseyant au piano, l'accompagnait. Puis Laure chantait à son tour, accompagnée par ma mère. Moi, pendant ce temps, mollement étendu dans un fau-

teuil, au coin de la cheminée en hiver, au coi
de la fenêtre en été, je rêvais délicieusemen
au bonheur présent et au bonheur à venir
Trois fois par semaine, Caïus et Henriette ve
naient passer la soirée avec nous et prendr
leur part de ce bonheur tranquille.

A dix heures du soir, j'allumais ma bougie,
j'embrassais tout le monde et j'allais travaillei
jusqu'à deux heures du matin dans ma mansarde. Ce travail-là n'était que pour moi, et je
n'en donnais aucune part à M. Plotin. Pendant
ces quatre heures, j'avais trouvé moyen de
me faire recevoir docteur ès lettres, de traduire trois ou quatre auteurs latins et grecs
pour un éditeur du quartier latin, et d'ajouter
ainsi aux libéralités du grand homme deux ou
trois mille francs par an. Grâce à ce supplément, nos affaires n'étaient pas trop mauvaises; et si ma mère, parmi tant de belles qualités n'avait eu le défaut de ne faire aucun cas
de l'argent, et de le jeter au hasard pour la
première fantaisie artistique qui lui venait à
l'esprit, notre vie aurait été aussi exempte d'inquiétudes que celle des sept sages de la Grèce.

Ce qu'il y a de plus singulier, c'est qu'aucun de nous, je crois, ne se demandait quel serait le terme d'une vie si douce et si prospère. Il nous semblait que nous avions toujours vécu et que nous devions toujours vivre ainsi sans que rien pût nous séparer. Moi-même, après les vers que m'avait inspirés la première vue de Laure, j'avais laissé sommeiller ma muse ; et, quoique j'aimasse Laure passionnément, on aurait dit, à voir nos manières si familières, si intimes, si affectueuses et pour tout dire, si fraternelles, que nous étions vraiment frère et sœur. Ce phénomène n'étonnera pas sans doute ceux qui connaissent l'influence d'une vie laborieuse, paisible et régulière.

Un accident que nous n'avions jamais prévu et qu'il était cependant facile de prévoir troubla tout à coup notre tranquillité et révéla à Laure et à moi nos propres sentiments.

Un matin, par grand hasard, je fus invité à déjeuner par M. Plotin. C'était, je crois, la première fois depuis trois ans que j'avais l'honneur de travailler sous sa direction. Le grand homme, comme je l'ai déjà dit, n'était pas prodigue, et, suivant l'expression favorite de Mme Corbin-Duriveau, sa sultane favorite, n'attachait pas ses chiens avec des saucisses. Ce jour-là, cependant, soit qu'il fût plus particulièrement content de mon travail, soit qu'il fût en veine de générosité, soit quelque dessein secret pour lequel il avait besoin de moi, il m'invita solennellement à déjeuner dès la veille au soir.

Assez étonné de cette politesse extraordinaire, j'arrivai à l'heure dite. Nous commençâmes notre travail habituel, qui consistait pour moi à rendre compte des livres que j'avais analysés la veille, à écouter ses observations et sa critique, et à noter les recherches ou les traductions que je devais faire. Enfin midi sonna, et la servante apporta le déjeuner dans le cabinet de travail du maître.

Certes, j'étais loin de m'attendre à un déjeuner somptueux, mais mes prévisions furent dépassées. Deux paires de saucisses grillées et un plat de pommes de terre frites, voilà ce que j'avais à partager avec ce grand homme.

A cette vue il se frotta les mains d'un air de satisfaction.

« Lucullus dîne ce matin chez Lucullus, dit-il en m'offrant des saucisses, c'est pour vous, mon cher ami, qu'on a fait des pommes de terre frites. »

J'avais grande envie de rire de tant de magnificence, mais la crainte de l'offenser et la curiosité d'apprendre ce que promettait un tel début, me firent garder mon sérieux, et je répondis assez jésuitiquement que depuis trois ans je n'avais jamais mieux déjeuné.

C'était vrai, car la chère était médiocre chez ma mère, mais aussi n'avions-nous pas quatre-vingt mille livres de rente.

Quant au vin, qui était au-dessous de tout, je le mélangeai d'abord avec une grande quantité d'eau, ce qui n'en corrigea pas l'aigreur, et enfin je laissai franchement la bouteille et je vidai entièrement la carafe.

« Est-ce que mon vin n'est pas bon? demanda le grand homme qui m'observait du coin de l'œil.

— Je n'aime pas le vin.... » lui dis-je.

Autre réponse jésuitique, car je sous-entendais à la manière d'Escobar et de Sanchez :.... quand il est aigre.

Mais il se contenta de cette réponse ou feignit de s'en contenter, car il savait sans doute aussi bien que moi à quoi s'en tenir sur son vin et ses pommes de terre frites, et peut-être voulait-il m'ôter l'envie, — si je l'avais jamais eue, — de déjeuner chez lui.

« Or çà ! me dit-il tout à coup en repoussant son assiette, savez-vous, mon cher ami, ce que la *Quarterly Review* a dit, dans son dernier numéro, de l'*Origine et des croyances des races humaines ?*

— Je n'en ai rien lu encore.

— Ah ! ah ! Eh bien ! moi, j'ai reçu hier un exemplaire de la *Quarterly Review*, mais je n'ai pu déchiffrer ce grimoire anglais, et je vous attendais. Lisez-moi cela, je vous prie. »

Ce ne fut pas une heureuse inspiration, car le rédacteur de la *Quarterly Review*, qui était sans doute un austère et savant docteur de l'université d'Oxford ou de Cambridge, où un membre bien renté de l'Église anglicane, avait trouvé fort mauvais que M. Plotin prît la liberté de suggérer une solution hérétique de la question des races humaines ; et comme orthodoxe, il se croyait obligé à déclarer franchement qu'une telle hérésie, — je veux dire la pluralité des races humaines, — frisait de près l'athéisme, la polygamie, la débauche, le vol, le viol, l'assassinat et tous les cas pendables.

Au dire du même docteur, supposer qu'Adam ne fût pas le père commun de tous les hommes, des blancs, des rouges, des nègres, des jaunes, des sensés, des insensés, des borgnes, des aveugles, des bossus, des bancals, des Français, des Anglais, des Allemands, des Russes, des Italiens, des Grecs, des Turcs, des Touaregs, des Botocudos, des Berbères, des Guaranis, des Iroquois, des Illinois, des Natchez, des Apaches, des Patagons, des Mongols, des Tongouses, des Kirghiz, des Tartares de toute espèce, des Persans, des Afghans, des Cingalais, des Indous et des Chinois, — supposer, dis-je, une pareille chose était une marque de folie, sinon de scélératesse, et une telle pensée n'avait pu germer que dans la cervelle d'un Français, c'est-à-dire dans une cervelle vaniteuse, évaporée, sensuelle et criminelle.

« Voilà, continuait le digne homme dans sa péroraison, voilà le fruit des efforts qu'au siècle dernier des écrivains aussi dénués de bonne foi que de bon sens, et de science que d'honnêteté,—Voltaire, Diderot, Montesquieu, — ont faits pour empoisonner les âmes, pour avilir les cœurs et pour faire de l'homme, cette splendide image de Dieu, une brute infecte et odieuse.

« C'est en disant publiquement, c'est en imprimant dans leurs livres infâmes de pareilles turpitudes, qu'ils ont attiré sur l'Europe entière les justes châtiments et les fléaux que la Providence nous a fait subir vers la fin du siècle dernier et au commencement de celui-ci. »

Ce qui étonnait plus le savant docteur, c'est qu'une idée aussi subversive de la Bible et de tout ordre social pût être publiée par un homme qui devait occuper un rang si élevé dans la science et dans la société française; car enfin M. Plotin n'était pas le premier venu cherchant à se faire une réputation au moyen d'un scandale éclatant; il avait été professeur au Collége de France, conseiller d'État, ministre; il était encore député au Corps législatif; il s'était rallié avec sagesse et bon sens à tous les gouvernements qui avaient fait tour à tour depuis trente ans le bonheur de la France; on pouvait même affirmer que si quelque nouvelle dynastie se présentait pour remplacer les anciennes, il serait heureux de lui offrir son concours et d'émarger son traitement. Comment donc un tel homme pouvait-il devenir complice d'un tel crime? C'est ce qu'on ne pouvait, — au dire de l'austère docteur, — expliquer que par une aberration particulière au peuple français, qui le porte à ébranler soir et matin les colonnes du temple, sans savoir s'il ne sera pas écrasé sous ses ruines.

Quand la lecture de l'article fut terminée :

« Eh bien ! dit le grand homme en souriant, que pensez-vous de cela, Gaston-Phœbus ?

— Voilà, répondis-je, un Anglais qui n'est pas poli, et je crois que si vous étiez pendu depuis deux minutes, ce n'est pas lui qui couperait la corde pour vous rappeler à la vie.

— Gaston-Phœbus, mon ami, répliqua le grand homme, vous êtes un enfant. La diatribe de ce docteur orthodoxe nous servira autant que pourrait le faire l'éloge le plus pompeux. J'acquiers à peu de frais la réputation de libéral, de révolutionnaire, d'ennemi du trône et de l'autel. Cela me suffit. Vingt journalistes anglais qui n'ont pas lu un mot de mon livre vont crier après moi comme une meute de chiens galeux. Ce tapage aura son écho en France, et je passerai sans peine pour un grand citoyen, car vous le savez, Gaston-Phœbus, mon ami, ou si vous ne le savez pas, l'expérience vous l'apprendra, il suffit de crier « au loup » quand on voit passer un prêtre pour devenir populaire en France. On ne vous demande plus si vous avez tort ou raison, si vous êtes pour ou contre la liberté; vous attaquez le clergé, cela suffit.

« Les évêques vont crier contre moi. Quelle fortune ! Je vois d'ici leurs mandements. Je serai comparé à l'impie Achaab, à Dathan, aux adorateurs du veau d'or, à tous les coquins dont la Bible a parlé (et Dieu sait si le Livre Saint fourmille de coquins de toute espèce) ; on demandera ma destitution; le gouvernement se fera honneur de la refuser, parce qu'il est souvent question, dans les mandements de nos seigneurs les évêques, du roi Hérode et de l'empereur Sennachérib. L'opposition, qui est composée de bonnes gens qu'on amuse avec des mots et qui vont rarement au fond des choses, prendra mon parti avec vigueur, et pendant trois mois on se livrera bataille sur mon dos; mais c'est moi qui emporterai le butin. Je garderai mes places et même mon mandat de député au Corps législatif. Je serai en faveur auprès du peuple, et je ne me brouillerai pas avec le prince. »

J'écoutais avec étonnement cette profession de foi. Il s'en aperçut et me dit:

« Mon cher ami, c'est la maxime des sages, avoir un pied dans l'un et l'autre camp. C'est le fou qui sème le blé, c'est le sage qui le récolte et le met dans son grenier. Qu'est-ce que l'homme ? Une des forces de la nature. Qu'est-ce que Dieu ? La résultante, ou, si vous voulez, le point d'intersection de toutes les forces de la nature. L'homme est donc une partie de Dieu. Croyez-vous à un Dieu vivant, personnel, sachant, aimant et pouvant tout ? D'où viendrait-il ce Dieu ? S'il a créé le monde, comme le disent les imbéciles, qui l'a créé, lui ? car enfin, si Dieu peut naître du hasard, à plus forte raison le monde qui est moins beau, moins parfait, moins puissant, — toujours suivant le dire des théologiens, — peut-il avoir la même origine. Gaston-Phœbus, mon cher ami, ne nous payons pas de chimères. La vie à venir est une belle chose et une invention sublime, elle n'a qu'un seul défaut, celui de ne pas exister. Pensons donc au présent et non à l'avenir.

« Laissons la vie éternelle à ceux qui ont besoin de cette espérance ou de cette crainte pour marcher droit dans ce monde où nous devons vivre si peu d'années. Souvenez-vous du mot de Hegel, rapporté par Henri Heine. « Quoi ! disait-il, avez-vous besoin qu'on vous offre une récompense dans le ciel pour ne pas succomber à la tentation de tuer sur la terre M. votre père et Mme votre mère ? » S'il est quelque scélérat qui ne soit préservé du crime que par la crainte du bourreau céleste, laissez-lui cette crainte salutaire; mais vous, Gaston-Phœbus, et moi, et tous ceux qui raisonnent, et qui réfléchissent, et qui ne sont pas abandonnés à la fureur des sens, vivons en paix ici-bas, et sans viser à l'héroïsme, qui n'est qu'une folie sublime. Arranger commodément son nid, le tapisser d'un duvet moelleux, ne faire de mal à personne (ce qui est aussi dangereux que coupable), ne choquer sans profit aucune opinion établie, vivre en paix avec tout le monde, être l'ami des grands seigneurs, se mettre à l'abri de la misère, voilà la règle de conduite que tout homme sensé doit se proposer de suivre.

Lisez l'histoire. Que voyez-vous ? Que tous

ceux qui ont aspiré plus haut ont eu une fin misérable. Socrate, qui n'était pourtant pas un niais, a bu la ciguë. Jésus-Christ, qui est certainement (toute querelle religieuse à part) l'âme la plus extraordinaire dont on ait gardé le souvenir, Jésus-Christ a été mis sur la croix ; saint Paul a eu la tête coupée; Jean Hus a été grillé comme un beefsteack; Rousseau a vu de près la Bastille et a erré longtemps sur la terre; Descartes, à qui tout le monde dresse aujourd'hui des statues, se cachait en Hollande; Spinosa faillit être lapidé par les juifs de la synagogue; quelconque, ayant cherché la vérité, a voulu parler haut et librement, a été persécuté ou mis à mort; Voltaire, plus fin, plus riche et plus puissant que tous les autres, a passé un an à la Bastille et trente ans en exil. Que veut dire cela, sinon que les hommes haïssent la vérité, et que, suivant le mot de Bernardin de Saint-Pierre, elle est faite que par les brahmes et ne doit être communiquée qu'aux brahmes.

« Ainsi fais-je, et par la précaution que j'ai prise de ne me brouiller jamais avec les puissants et de louer tout le monde en temps utile, j'ai acquis cette légitime popularité et cette douce sécurité dont vous me voyez jouir aujourd'hui. Me blâmerez-vous d'avoir préféré mon propre bonheur à la gloire d'enseigner au genre humain deux ou trois vérités inutiles à son existence et qu'il découvrira fort bien sans moi ? Réfléchissez, mon cher ami, que nul n'est obligé de se sacrifier à son semblable, et que c'est bien assez de ne lui faire aucun mal. Réfléchissez de plus que si je n'ai pas dit ma pensée toute entière en toute chose, j'en ai dit assez pour que les gens intelligents soupçonnent le reste. Hegel, dont je vous parlais tout à l'heure, était certainement un grand esprit et un merveilleux philosophe ; eh bien ! voyez comme il a su éviter la prison, l'échafaud, l'amende et tous les écueils où les autres philosophes vont se casser la tête. Quand il est mort, les rois le regardaient comme leur ami le plus cher, les peuples comme leur prophète, et tout le monde comme un demi-dieu. Moi-même, qui l'ai connu dans ma jeunesse, et qui ai reçu ses leçons, je le considère comme le sage le plus vraiment sage qui ait jamais paru sur la terre, car sa réputation est sans égale; il a vécu parfaitement heureux (du moins si sa digestion était régulière, ce que j'ignore), et il a manœuvré si habilement qu'aujourd'hui même encore nous ignorons quelle était sa pensée intime et même s'il avait une pensée.

« Que ceci, mon cher Gaston-Phœbus, vous serve d'exemple et de leçon. Un philosophe ne doit jamais s'expliquer trop clairement ni se brouiller avec qui que ce soit, le clergé seul excepté, qui a en horreur toute espèce de philosophie. Encore ne faut-il pas braver nos seigneurs les évêques, ni engager avec eux aucune espèce de polémique; la polémique est le défaut des jeunes gens. On sent sa force, on croit tenir la vérité, on veut parler, on crie sur les toits, on est insulté. Si l'on répond on a contre soi tout le monde et surtout les gouvernements. Ceux qui gouvernent veulent bien tenir le clergé en haleine, mais ils ne veulent pas s'en faire un ennemi, car il ne pardonne jamais, il n'oublie jamais, il a le bras long, et il est éternel.

« Si j'ai parlé aujourd'hui de la diversité des races humaines et si j'ai osé contredire publiquement la Bible, c'est que, grâce à quelques circonstances que vous connaissez aussi bien que moi, le gouvernement est forcé de faire volte-face, ce qui me permet d'écrire la moitié de ce que je pense sur ce sujet. D'ailleurs il est des jours dans la vie où l'audace est aussi de la prudence. Mes électeurs, je le sais, commencent à se lasser de certaines choses. Et comment ne s'en lasseraient-ils pas, puisque le gouvernement lui-même en est fatigué? On avait cru se servir du clergé; il se trouve qu'on l'a servi et qu'il se croit aujourd'hui assez puissant pour être ingrat. Quant à moi, Dieu sait ce qu'il m'en a coûté pour vivre en paix jusqu'à présent avec ces maîtres exigeants, mais puisque l'empire va leur échapper, je profite de l'occasion pour dire enfin ma pensée tout entière.

— Mais, lui dis-je en l'interrompant, ne craignez-vous pas de vous contredire?

— Moi! répondit-il, jamais! je n'ai jamais dit le contraire de ma pensée, je n'ai jamais menti, je n'ai jamais flatté ceux que je haïssais au fond du cœur; j'ai gardé le silence, voilà tout. Ouvrez tous mes livres; vous n'y verrez pas un seul mot pour ou contre le clergé; et si j'en parle aujourd'hui, c'est que le moment est venu, que la France a soif de vérité et que la faveur publique est avec les premiers qui oseront engager la lutte. Je sais de bonne part qu'on me reproche certaines complaisances pour les puissants. Le reproche peut me nuire auprès du public, mais les injures de la *Quarterly-Review*, qui retrouveront bientôt un écho dans les journaux catholiques de France, car les dévots de toutes les sectes s'entendent toujours contre les libres penseurs, vont me refaire une popularité. Avant peu il ne sera question que de mon livre. Et alors qui sait où le destin peut me pousser? Dans un pays où tout homme qui sait écrire, parler et oser devient ministre à son tour, quelle porte me sera fermée?

— Au moins, lui dis-je en riant, si jamais vous redevenez ministre, ne m'oubliez pas.

— Je vous le promets, mon cher Cahorzac,

me dit le grand homme en me tendant affectueusement la main.

Je crus le moment favorable pour insinuer une autre demande plus sérieuse et qui me tenait beaucoup plus à cœur. Il s'agissait d'augmenter mes appointements de secrétaire.

Dès les premiers mots il fronça les sourcils et parut vivement contrarié.

« Mon cher ami, répliqua-t-il enfin, votre demande arrive mal à propos. Je ne suis pas en fonds ces jours-ci.

— Ni moi non plus, dis-je à mon tour.

— Oui, mon cher, je vous crois; mais vous, c'est différent. Vous êtes jeune, vous avez une bonne santé, un esprit remarquable; un bel avenir vous attend. Pourquoi voulez-vous violenter la fortune? Les jeunes gens sont impatients; ils veulent toujours avoir du premier coup l'empire du monde. C'est une faute. L'empire est aux flegmatiques. Et à quoi vous servirait d'être riche? Vous voudriez jouir de la vie sensuelle, avoir des chevaux, des maîtresses, dîner au boulevard; à quoi bon? Vous aurez tout cela plus tard, si vous savez attendre; aujourd'hui il faut travailler, vous faire connaître. Entre vingt et trente ans, un homme intelligent ne devrait connaître que les greniers, le pain sec et l'eau fraîche. Voyez Fichte, le célèbre Gottlieb Fichte! A trente ans il donnait des leçons de philosophie à cinq sous le cachet; encore n'en avait-il pas tous les jours. Homère a mendié toute la vie. Socrate vivait de pain, de figues et d'olives. Moi-même, voyez mon déjeuner : tantôt des saucisses et tantôt des côtelettes. Les pommes de terre frites sont réservées pour le jour où j'invite mes amis.... Quel luxe voyez-vous ici? Excepté ma bibliothèque (pour laquelle je fais des folies), tout mon mobilier est celui d'un étudiant. »

Et comme j'insistais en pensant à Laure et à ma mère, il se leva brusquement et me dit :

« Non, tenez, mon cher ami, nous ne pourrons pas nous entendre. Ne pensons plus à cela, et surtout n'en parlons jamais si vous ne voulez pas que nous soyons forcés de nous séparer. »

Ce dernier mot fut dit d'un tel ton que je me levai moi-même pour prendre congé. Il s'aperçut qu'il était allé trop loin, et comme il était grand comédien, il s'écria d'un ton pathétique :

« Quelle ingratitude ! me faire une telle demande juste au moment où je pensais à faire sa fortune ! Car enfin, je puis vous le dire à présent, dans la préface de la seconde édition de mon livre qui va bientôt paraître, comme vous savez, je vous réservais une place d'honneur et je comptais dire publiquement ce que je dois à vos recherches, à votre amitié, toutes les idées précieuses que votre jeune et vif esprit m'a suggérées. Je voulais faire mieux, car j'ai foi dans votre avenir. Je voulais vous recommander à l'éditeur Chardin, et votre fortune eût été faite dès ce moment. Car, outre que le succès d'un livre dont il se charge et dont j'aurais fait l'introduction (c'est une surprise que je vous réservais) est chose assurée, je voulais à la première vacance vous proposer au Collége de France pour suppléant de la chaire de littérature syriaque.

« Le titulaire a soixante-dix ans ; c'est un Polonais qui n'a jamais su le français ni aucune autre langue, je crois ; il n'a même plus de dents et avale en faisant son cours, la moitié de ses paroles. C'était chose certaine. J'avais la parole du ministre.... Et voilà que pour une misérable somme de trois ou quatre cents francs, vous détruisez de vos propres mains un édifice que j'avais construit avec tant de peine... Ingrat !... Quel âge avez-vous, Gaston-Phœbus ? Vingt et un ans, vingt-deux ans peut-être.... A peine si l'on distingue vos premiers poils de barbe. Eh bien, à vingt-cinq ans, vous auriez été célèbre, décoré, riche (puisque vous tenez tant à l'argent), professeur au Collége de France, et votre fortune aurait été aussi assurée que celle de Bonaparte lorsqu'on lui donna le commandement de l'armée d'Italie.... Mais vous préférez les gros sous : grand bien vous fasse ! »

Pendant ce discours, qui fut débité tout d'une haleine et d'un air de sincérité parfaite, je demeurais incertain, car bien que je connusse à fond le grand homme, et que je ne fisse pas de ses promesses plus de cas qu'il ne convenait, c'était toujours une résolution fort grave que de rompre avec lui, et je n'osais prendre sur moi d'en finir avant d'avoir consulté ma mère et Laure.

Il s'aperçut que j'hésitais, et pour achever sa victoire, il me dit négligemment :

« Allons, mon cher ami, qu'il ne soit plus question d'argent entre nous, et fiez-vous à moi pour prendre soin de votre avenir…. A propos, demain vous m'apporterez le livre de Rauch sur les migrations des Tartares…. Il faudra nous mettre à l'ouvrage de bonne heure, car nous avons perdu beaucoup de temps aujourd'hui, et il ne nous reste qu'une demi-heure pour courir à la Bibliothèque Mazarine avant qu'on en ferme les portes. »

Je sortis sans répliquer, me réservant de réfléchir au parti que je devais prendre.

V

Je rentrai fort triste chez moi, ou plutôt fort préoccupé, car de la résolution que j'allais prendre dépendait peut-être non-seulement mon avenir dont je ne me souciais guère, mais celui de ma famille dont j'étais le chef naturel. Ma mère, qui était la bonté, la grâce et la gaieté même, n'était malheureusement pas femme à prévoir les choses désagréables, ou si elle savait les prévoir, elle n'aimait pas à y penser longtemps. Laure était trop jeune et trop peu expérimentée pour me donner un bon conseil. Caïus Schweizer était parti depuis trois mois pour New-York avec ma sœur Henriette, et d'ailleurs n'était pas plus prévoyant que ma mère. Le souci de prendre une résolution dont je sentais l'importance pesait donc sur moi seul.

Par bonheur, on ne s'aperçut pas de ma préoccupation, et ma mère l'attribua à un excès de travail. Elle venait d'ailleurs de recevoir le jour même et en mon absence une lettre de ma sœur.

Dès qu'elle m'aperçut :

« Viens dîner, dit-elle. Nous t'attendons. Je te lirai la lettre d'Henriette au dessert. »

Cette nouvelle, qui m'aurait comblé de joie en tout autre temps, car j'aimais tendrement ma sœur, ne fit pas sur moi son effet ordinaire. Cependant, je m'efforçai de sourire et d'être gai ; mais Laure, qui me regardait avec attention, soupçonna quelque chose.

Le dîner fut expédié en dix minutes, car d'abord il n'était, comme à l'ordinaire, ni abondant, ni varié, ni succulent, et de plus ma mère brûlait d'envie de me lire sa lettre.

Enfin, cet heureux moment arriva. Voici la lettre, l'une de mes plus chères reliques :

« New-York, 1 mai 185.

« Ma chère mère, Caïus et moi nous sommes enfin depuis deux mois dans ce beau pays où Caïus disait que les perdreaux naissent rôtis et les dindons truffés. La vérité est qu'on y trouve en effet des perdreaux, des dindons et des truffes, mais au moyen de beaucoup d'argent.

« Dès notre arrivée, Caïus, qui était impatient de montrer aux Yankees ce qu'il sait faire, voulut faire annoncer un concert, et, dans sa naïveté, fit placarder quelques affiches et faire quelques annonces, dont le prix eut bientôt épuisé notre bourse, qui n'était pas, comme tu sais, des mieux garnies.

« Cependant, nous eûmes assez de bonheur, car notre premier concert paya à peu près le loyer de la salle, le gaz et les employés du contrôle. Les spectateurs parurent contents d'entendre le cor de Caïus, mais on fut généralement étonné de ne voir qu'un seul cor et un piano, car j'étais au piano et je chantais.

« Le lendemain, comme nous regardions avec inquiétude le fond de notre bourse, où le diable allait se loger, un gentleman vint frapper à la porte de ma chambre et s'excusa de s'introduire ainsi lui-même, sans façon, comme un homme libre. C'était le propriétaire de l'hôtel, un long Yankee, frais rasé, sauf un bouquet de poils qui lui couvrait le menton, tout de noir habillé, boutonné, roide, comme s'il avait été empalé en naissant; en un mot, le vivant portrait d'un manche à balai; — du reste, un fort honnête homme, mais qui nasille comme un capucin.

« Ce gentleman nous fit l'honneur de nous dire qu'il avait eu le plaisir d'assister au concert que nous avions donné la veille, et qu'il croyait devoir nous favoriser d'un conseil.

« Caïus s'inclina poliment, et j'attendis avec curiosité le conseil dont le gentleman voulait nous faire présent.

« Avant tout, madame, me dit-il, avez-vous beaucoup d'argent? »

« La question venait fort mal à propos, comme tu penses bien ; et je crus pour ma part qu'il était inquiet de savoir si nous le paierons régulièrement. Il lut sans doute cette pensée dans nos yeux, car il se hâta d'ajouter :

« Je vois, madame, que vous ignorez les habitudes américaines. Nous autres gentlemen yankees.... »

« (Et en parlant des *gentlemen yankees* sa voix s'enfla comme s'il avait soufflé dans un trombone.)

« Nous semons l'argent pour récolter l'or, et les dollars pour récolter les bank-notes. En deux mots, votre salle était vide hier parce que vous n'aviez pas fait d'annonces....

« — Pas d'annonces ! interrompit Caïus étonné. J'en ai payé pour six cent cinquante trois francs !

« — Une goutte d'eau dans la mer, mon cher monsieur ! dit le gentleman. Un grain de sable dans le désert. »

« Ici, Caïus et moi nous échangeâmes un regard que surprit le gentleman et qui trahissait sans doute nos inquiétudes, car il ajouta :

« En deux mots, madame, voulez-vous faire une bonne affaire, au lieu d'achever votre ruine? Laissez-moi le soin de tout. Avant un mois, je réponds qu'il n'y aura jamais moins de deux mille spectateurs à chacun de vos concerts, et qu'aucun d'eux n'aura payé sa place moins de deux dollars. La proposition vous convient-elle?

« — Mais, dit Caïus étonné, si vous faites ce miracle, quelle sera votre part dans les bénéfices?

« Les trois quarts de la recette, » répliqua le gentleman.

« A ces mots, Caïus, qui est toujours un peu naïf comme vous savez, voulut se récrier et obtenir des conditions meilleures ; mais le Yankee l'écouta sans répondre, prit son chapeau qu'il avait mis sur un guéridon par grande condescendance, car j'ai remarqué plus tard que le chapeau est collé sur la tête de la plupart des gentlemen de ce pays, et il ouvrait déjà la porte lorsque je m'avisai de lui dire :

« Monsieur, j'accepte vos conditions.

« Là-dessus, il nous présenta un projet de traité qu'il tenait tout prêt dans sa poche, le signa, nous le fit signer, et sortit en sifflant l'air fameux de *Yankee Doodle*, qui n'est pas, vous pouvez m'en croire, de la composition de Rossini.

« Le lendemain, il nous remit d'avance un bon de deux mille dollars sur le *National bank* de New-York, « car, dit-il, personne ne croira à votre talent si votre équipage n'annonce pas une brillante fortune. Jetez les dollars par la fenêtres, les bank-notes entreront par la porte. »

« Il parlait avec tant d'assurance et comptait si bien sur le succès, que nous suivîmes son conseil, Caïus et moi, et qu'outre cinq ou six acquisitions fort coûteuses, nous prîmes à notre service deux domestiques, — un mulâtre et une femme de chambre irlandaise.

« Le lendemain, notre cornac, qui s'appelle M. Séméi Burton, partit afin de préparer nos logements à Philadelphie.

« Le vendredi suivant, dès huit heures du

matin, en regardant pas distraction le *Pennsylvanian star*, journal de Philadelphie, que M. Séméi Burton avait eu l'obligeance de m'adresser lui-même, je lus l'article suivant :

« Grande nouvelle !
« Formidable attraction !
« Le rossignol du Caucase !
« Romanesque et terrible aventure !
« Le czar Nicolas joué comme un enfant !
« *Flirtation* et coups de poignard !
« Le prince géorgien !
« Dévouement sublime ! ! ! ! surprise délicieuse !
« Le cor enchanté !

« Ce qui précède est le titre de l'histoire. Quant à l'article lui-même, le voici : je me garderais bien d'y changer une syllabe :

« Nous avons le plaisir d'annoncer à nos concitoyens que Philadelphie va bientôt posséder une chanteuse telle que l'Europe tout entière n'en pourrait pas offrir une pareille.

« Il s'agit de l'arrivée prochaine du *Rossignol du Caucase*, qui vient en droite ligne de Londres où il a excité la plus vive admiration.

« Mlle Héléna Raeffskoï-Préobaj, si connue sous le nom de *Rossignol du Caucase*, est née dans la vallée du Kour, en Géorgie, à quelques lieues de Tiflis. Sa mère, nièce du sultan Schamyl, avait été enlevée dans une expédition par le général prince Raeffskoï-Préobaj, hetman des Cosaques du Don, qui l'épousa et la conduisit à la cour du czar Nicolas. Mais le prince Raeffskoï, dont les domaines s'étendaient de la mer Noire à la mer Caspienne et qui commandait à plus de vingt mille cavaliers, retourna bientôt au Caucase, et c'est dans un magnifique palais, aux environs de Tiflis, que Mlle Héléna Raeffskoï-Préobaj a reçu l'éducation la plus soignée. Elle eut dès son bas âge pour maîtresse de chant la célèbre Mme Caravani, de Naples, celle à qui le fameux duc de Wellington offrit un jour son portrait et la paire de bottes dont il était chaussé pendant la bataille de Waterloo. (On sait que Mme Caravani, embarrassée de ces bottes qu'on n'avait pas décrottées depuis le jour de la bataille par respect pour le héros qui avait daigné fourrer ses pieds dedans, en fit présent à sa femme de chambre qui les vendit à un Anglais au prix de six mille livres sterling; mais le destin voulut que cet Anglais, forcé de partir pour Singapore, dont on l'avait nommé gouverneur, échouât avec ses bagages sur la côte de la presqu'île de Malacca, et eut le bonheur de toucher terre en nageant et tenant toujours à la surface de l'eau les précieuses bottes. Là, il fut massacré par des pirates malais, pour qui ses bottes étaient un objet doublement curieux, car d'abord, ils n'avaient jamais vu de bottes, et à plus forte raison n'avaient-ils jamais vu celles de Wellington. Tôt ou tard, nous dirons comment ces pirates les vendirent à des Chinois qui les portèrent à Hong-Kong, où un Français, voyant l'étiquette et le nom du premier propriétaire, voulut les acheter au prix de vingt-cinq centimes pour les donner, disait-il, à son domestique, un Dayak de Bornéo, mais M. Séméi Burton, Américain du Connecticut, les sauva de cette profanation en les achetant lui-même au prix de trois mille dollars. Ce sont ces bottes, toutes souillées encore de la boue du champ de bataille, qu'il se propose de montrer au public, ainsi qu'on le verra ci-dessous, dès le premier concert du Rossignol du Caucase.

« Mlle Héléna Raeffskoï-Préobaj, élève de Mme Caravani, surpassa bientôt sa maîtresse même et s'acquit à Tiflis une si grande réputation, qu'un prince géorgien, troisième fils du sultan Schamyl, qui en avait entendu parler, en devint follement épris, et, à la tête de dix cavaliers, essaya de l'enlever un jour qu'elle traversait le Caucase sous la garde de son père et d'une escorte de deux mille Cosaques.

« Le prince géorgien l'emportait sur son cheval plus rapide que le vent et galopait le long des affreux précipices qui bordent les rochers du Tcherna-Dagh, lorsqu'une décharge de quelques centaines de carabines tua sous lui l'intrépide animal. Le prince qui s'appelait Koulp-Arslan, c'est-à-dire en langue tcherkesse, *Koulp le Lion*, fit entrer Mlle Raeffskoï-Préobaj dans une grotte qui se trouvait près de là, et se portant lui-même devant la grotte en défendit l'entrée à coups de sabre.

« De peur que les balles ne vinssent ricocher sur sa fille, le général Raeffskoï ne voulait pas qu'on tirât sur Koulp-Arslan, et il lui offrit inutilement la vie et la liberté. L'intrépide fils de Schamyl voulait garder sa proie ou mourir. Enfin, accablé par le nombre, blessé de huit coups de baïonnette, affaibli par la perte de son sang, il tomba évanoui aux pieds de Mlle Héléna. Le général le fit relever et transporter à Pétersbourg, où il allait lui-même avec sa fille, et où Koulp-Arslan reçut le meilleur accueil du czar, qui voulait faire la paix avec Schamyl. Mais le malheur n'avait pas refroidi son amour. Ici nous aimons mieux laisser la parole à Mlle Héléna. Il est des sentiments que le cœur des dames peut seul éprouver, et dont notre sexe ne saurait profaner la délicatesse. Qu'il y ait eu entre le jeune et beau Koulp-Arslan et Mlle Raeffskoï-Préobaj, sa cousine, quelque apparence de *flirtation*, c'est ce que nous ne pouvons ni ne voulons nier ou affirmer. Certains bruits ont couru dans certains cercles bien informés de Pétersbourg, que le prince géorgien allait se faire baptiser pour obtenir la main de Mlle Héléna, et que le vieux général avait mis son consentement à ce prix.

« Ce qui est certain, c'est que vers ce temps-là, une terrible et tragique catastrophe mit fin à ces deux projets d'avenir. On raconte que Mlle Roeffskoï-Préobaj ayant chanté dans un concert à la cour, eut le funeste honneur d'inspirer à un très-haut et tout-puissant personnage, — le plus puissant de tout l'empire de Russie, nous ne voulons pas le désigner autrement, — une passion si vive qu'il ne recula devant aucun projet pour la satisfaire.... Ce qui suit est le drame le plus terrible qui ait pu jamais venir à l'imagination de Shakespeare. Le général prince Raeffskoï-Préobaj, effrayé des dangers qui menaçaient sa fille, avait tout préparé pour s'enfuir en Angleterre d'abord, et de là dans le libre pays des États-Unis, lorsqu'il mourut subitement, empoisonné, dit-on.... Par ordre de qui?... On murmure tout bas un nom à Pétersbourg, mais on tremble de le prononcer tout haut. — Le jour suivant, sa femme eut le même sort.... On avait eu d'abord la précaution d'enfermer Koulp-Arslan dans la forteresse de Cronstadt, de sorte que le *Rossignol du Caucase* était livré sans défense à son tout-puissant ennemi.

« Mais le prince géorgien apprend la mort du vieux général ; il devine tout, il brise la porte de son cachot, désarme un de ses geôliers et le tue, saisit les clefs, sort de la prison par une nuit noire, poignarde une sentinelle qui avait fait feu sur lui et donné l'alarme, se jette du haut du rempart dans la mer, nage, le poignard aux dents, jusqu'à la côte de Finlande, touche terre à deux lieues du palais de Péterhoff, trouve un cheval sans maître, saute dessus, galope vers Pétersbourg et arrive au palais du général Raeffskoï au point du jour, juste au moment où un chambellan, suivi de quelques agents de police, venait se saisir de Mlle Raeffskoï-Préobaj et la conduire à Péterhoff.

« Renverser le chambellan d'un coup de poignard, fermer la porte du palais sur le nez des hommes qui le suivaient, y mettre le feu pour détourner l'attention publique, enlever le Rossignol du Caucase, l'entraîner par une porte dérobée vers le port, s'emparer d'une barque vide, y déposer sa cousine et faire force de rames pour atteindre le clipper américain *Fire-Fly*, qui partait au même instant pour Londres, tout cela fut l'affaire d'un moment pour l'impétueux Géorgien.

« Malheureusement la police l'avait suivi et l'avait atteint de trois coups de fusil dans la poitrine au moment même où il allait aborder le navire américain. Le capitaine du clipper, M. Jonathan Bird, si connu à New-York et à Boston, fut témoin de cet indigne assassinat. Il saisit lui-même une carabine, tira sur les agents de police et en jeta un par terre, pour leur apprendre à respecter le pavillon étoilé ; mais le brave Koulp-Arslan lui-même mourut deux heures plus tard. Il est plus facile d'imaginer que de peindre le désespoir de Mlle Raeffskoï-Préobaj.

« Arrivée à Londres, elle a donné des concerts dont toute l'Europe parlera longtemps. Le directeur de l'Opéra de Paris lui a offert six mille francs par soirée pour chanter le rôle de Lucie dans *Lucie de Lammermoor*; mais le *Rossignol du Caucase* a fait vœu de ne chanter sur aucun théâtre. Protestante sincère, elle a été convertie à Londres par le célèbre M. Simon Wesley, elle fuit les pays catholiques et la sentine de l'impure Babylone. Elle consent à chanter dans des concerts, mais elle aurait horreur de se montrer sur un théâtre, comme ces femmes perdues dont a été dit dans le Livre Saint, qu'elles sont des sépulcres blanchis, des filles de Babylone et de Tyr, des Madianites et des Amalécites.

« Elle se fait accompagner dans ses voyages du célèbre corniste hongrois Yanos Schweizeryi, surnommé le *Cor enchanté*, qui a joué un si grand rôle dans la révolution de Hongrie, et qui était le bras droit de Kossuth. On sait que Yanos Schweizeryi, fait prisonnier par les

Croates à la bataille de Temeswar, dut la vie à son cor, qui charma tellement l'empereur d'Autriche qu'il offrit au grand artiste une tabatière en or et le sabre à poignée enrichie de diamants qui avait appartenu autrefois à Sobieski.

« A son merveilleux talent pour jouer du cor, M. Yanos Schweizeryi joint les facultés éminentes d'un chef d'orchestre, ainsi qu'on pourra s'en assurer dès le premier concert que ces deux artistes inimitables se proposent de donner à Philadelphie « dans *Music-Hall*, Chesnut street, 182, samedi prochain à huit heures du soir.

« Le prix d'entrée est fixé à six dollars par tête.

« Les ladies et les gentlemen qui voudraient bien, ce jour-là, favoriser *Music-Hall* de leur présence pourront jouir, en outre, de la vue des bottes immortelles de Sa Grâce le duc de Wellington, précédemment décrites ; du chapeau dont George Washington était coiffé lorsqu'il traversa le Delaware avec son armée, de la première robe que portait la princesse Powhattan lorsqu'elle fut présentée à la reine

Élisabeth d'Angleterre, de deux éléphants qui ont appartenu au roi de Siam, et d'un tigre du Bengale qui a dévoré, dit-on, le lieutenant Smith, du troisième d'infanterie indigène, à deux lieues de Bénarès. Tous ces objets appartiennent à la grande collection de curiosités de M. Séméi Burton, du Connecticut, propriétaire du *Caucasian House*, à New-York. »

« Je n'ai pas besoin de te dire, chère maman, avec quel sentiment d'indignation je lus cet article. Ainsi ce Yankee nous regardait comme deux bêtes curieuses dont il se faisait le cornac, se chargeant de faire valoir nos talents de société et de faire la quête ! Je regardai Caïus, pensant qu'il ne serait pas moins indigné que moi-même, et, en effet, je dois lui rendre cette justice, qu'au premier abord il était furieux du sans-façon avec lequel M. Séméi Burton avait disposé de nous, de notre vie à venir, et ce qui est plus étrange, de notre vie passée. — Mais, ajouta-t-il après un instant de réflexion, s'il n'y a pas d'autres moyens d'attirer le public à nos concerts ?... Après tout, M. Burton nous rend service aussi bien qu'à lui-même, et...

« Cette fois, je l'avoue, ma colère se tourna contre mon mari, et ce coquin de Yankee fut cause de la première querelle que j'ai eue avec ce pauvre Caïus (et la dernière aussi, je l'espère). Pour moi, je fus d'avis de rompre sur-le-champ avec M. Burton et de retourner en Europe plutôt que de....

« — Retourner en Europe, c'est fort bien, interrompit Caïus, mais avec quel argent?

« — Eh bien, lui dis-je, restons à New-York, s'il le faut, mais donnons à M. Burton son congé, à moins qu'il ne consente à se rétracter et à remplir loyalement les conditions du traité.

« Et séance tenante, j'obligeai Caïus à prendre la plume et à signifier cet ultimatum à M. Séméi.

« Le lendemain, vers huit heures du soir, le gentleman était revenu de Philadelphie. Voici textuellement la conversation que nous eûmes avec lui:

« — Madame, dit-il en s'asseyant et en déposant à côté de lui sur la table un paquet énorme de journaux, je viens vous avertir que nous partirons demain par le train express pour Philadelphie.

« Cela fut dit du ton péremptoire d'un créancier qui veut être payé à l'échéance.

« — Monsieur, vous avez reçu sans doute la lettre de mon mari ?

« J'appuyai sur ces deux mots : *mon mari*, d'abord pour faire allusion à la ridicule histoire qu'il m'avait attribuée, et ensuite pour donner du courage à ce pauvre Caïus, qui n'est pas, vous le savez, d'une fermeté à toute épreuve. M. Burton s'en était aperçu, je crois ; aussi s'adressa-t-il surtout à moi.

« — Madame, dit-il nettement, j'ai reçu votre lettre et je ne conçois pas vos scrupules ; ces choses-là se font tous les jours en Amérique, sans que personne en soit scandalisé, ni étonné.

« — Quoi ! un faux nom ! une fausse histoire ! Des aventures ridicules !... Et vous prétendez, monsieur, que cela se fait ici tous les jours !

« Il paraît que j'élevai assez haut la voix, car M. Burton parut étonné de ma résistance.

« — Après tout, ajouta-t-il, si l'histoire est fausse, à qui cela fait-il du tort? A vous? Pas le moins du monde, car je vous fais du premier coup princesse et petite-fille d'un héros. De plus, je dis que vous avez été adorée et qu'un prince jeune et beau s'est fait tuer pour vous. Mais, madame, voudriez-vous qu'on dît le contraire, et que, jeune, charmante et gracieuse comme la nature vous a faite, il ne s'est trouvé personne pour vous aimer et se faire tuer à votre service? Croyez-moi, madame, il n'est pas une jeune fille en Amérique ni peut-être dans le reste du monde, qui n'envie à présent le sort de Mlle Héléna Raeffskoi-Preobaj, et qui ne fût ravie d'inspirer une passion si belle au prince Koulp-Arslan. Ce qui fait le désespoir des jeunes misses de ce pays-ci, c'est justement d'avoir des amoureux trop paisibles, qui les aiment de six heures du soir à minuit, en prenant le thé, et qui les oublient tout le long du jour pour acheter ou vendre du coton, du fil, du poivre, de la canelle, de la laine et de la soie. Prenez la première venue des *belles* de New-York, et proposez-lui ce soir d'être aimée par un czar et enlevée par un prince géorgien, et vous verrez si elle hésite, — la question des dollars mise à part, bien entendu, car le dollar est Dieu.

— Peu importe, monsieur, dis-je alors, je suis résolue à ne point chanter dans vos concerts, si vous ne démentez ces bruits absurdes.

— Vous êtes bien résolue ? demanda Burton.

— Oui, monsieur.

— Eh bien, moi, madame, je suis résolu à faire exécuter notre traité. Et d'abord, êtes-vous en état de me rendre les deux mille dollars que je vous ai donnés pour arrhes du marché ? »

A ces mots, Caïus pâlit, et je sentis le cruel avantage que M. Burton avait pris sur nous. Les deux tiers de cette somme étaient déjà employés, d'après son conseil, en achats de toute espèce, et le remboursement était impossible.

« Eh bien, continua-t-il après un court silence, où est cet argent ?... Vous ne l'avez plus?... Je m'y attendais.... Il ne vous reste donc qu'à exécuter le traité.

— Mais, lui dis-je à mon tour, il y a des juges à New-York.

— Vous me menacez d'un procès?... A merveille!... Il faudra d'abord trouver un avocat et le payer d'avance.... Or, comme il verra bien que s'il gagne son procès vous serez réduits à la mendicité, il se gardera de le plaider, ou s'il plaide, de le gagner.... De plus, lisez vous-même l'article VI de notre traité. »

Et tirant le traité de son portefeuille il lut l'article VI, ainsi conçu :

«.... Et, en échange des avantages à eux garantis par le présent traiét, s'engagent lesdits sieur et dame Schweizer à favoriser par toutes les voies et moyens quelconques les démarches que le sieur Séméi Burton jugera nécessaire de faire dans l'intérêt commun. »

« En fait et en droit, madame, je gagnerai mon procès.

— Mais, lui dis-je, vous devez craindre le scandale.

— Moi, madame.... Point du tout.... Tout

le monde rira de mon idée, juges, avocats, spectateurs; et le public lui-même, qui ne demande qu'à être trompé pourvu qu'on l'amuse, sera le premier à louer mon habileté. On dira que je suis un habile homme, *a smart man*, et mon crédit en sera doublé.... Enfin, prenons le cas le plus favorable, et supposons que je perde mon procès, il faudra me rendre mon argent. Avez-vous deux mille dollars dans votre secrétaire? Et si vous ne les avez pas, êtes-vous résignés à entrer dans la prison pour dettes? »

Le raisonnement était sans réplique. J'essayai vainement de m'adresser à la loyauté et à la délicatesse de M. Séméi Burton. Ce gentleman ne pensait qu'à une seule chose : recouvrer l'argent qu'il avait avancé, et en gagner de nouveau.

« Réfléchissez, madame, me dit-il, que j'ai fait des avances considérables. Deux mille dollars à vous seuls. Six mille aux principaux journaux de Philadelphie, car le *Star* n'est pas le seul qui ait parlé de vous. Lisez le *Sun*, le *Post*, le *Globe*, le *Tribune* et tous les autres, et voyez quelles broderies ils ont faites sur le canevas commun que je leur ai fourni. Déjà je suis en marché avec ceux de Washington, de Baltimore, de Harrisburg et de Cincinnati. Tout cela me coûte les yeux de la tête. Mais je sème abondamment pour mieux récolter.... Tenez, à quoi pensez-vous que soit employé aujourd'hui mon agent de Philadelphie?... Je vous le donne en mille.... Eh bien, il recrute cinq cents personnes à un dollar par tête pour vous préparer une entrée triomphale. Les cris de ces cinq cents attireront trois mille imbéciles et dix mille curieux qui vont se presser au débarcadère et vous faire un accueil pareil à celui qu'on fait aux rois dans les pays où il y a des rois. Je ne serai même pas étonné que la milice se mît sous les armes, car notre milice nationale, qui est la première du monde, sera heureuse de se montrer en uniforme, de quitter l'atelier et la boutique, de vous voir et de se faire voir. »

Que pouvions-nous faire? Des deux parts le ridicule était certain. La prison pour dettes emporta la balance, et il fut convenu que le lendemain M. Séméi Burton, Caïus et moi nous partirions ensemble pour Philadelphie.

Notre voyage ne fut marqué par aucun incident particulier, si ce n'est qu'en approchant du débarcadère, nous entendîmes un grand bruit (car je ne sais si cela doit s'appeler de la musique) et nous vîmes un bateau à vapeur qui s'avançait vers nous, portant une centaine de musiciens qui soufflaient dans tous les cuivres de la création. Un drapeau, pavoisé aux couleurs des États-Unis, flottait au-dessus du bateau, et dans ses plis on pouvait lire en gros caractères l'inscription suivante :

A MADEMOISELLE HELENA

PRINCESSE RAEFFSKOI-PRÉOBAJ

LA VILLE DE PHILADELPHIE!

La musique, le bateau, le drapeau, les musiciens, tout était en l'honneur de ta fille. Je me demandais par moments si c'était un rêve, et si je ne serais pas réveillée de ce rêve par une grêle de pommes cuites. Mais la sérénité et l'assurance de M. Burton, qui prenait sa part du triomphe qu'il nous avait préparé, me rendit à moi-même quelque assurance. D'ailleurs, nous étions trop avancés pour reculer.

Au débarcadère, M. Burton m'offrit également la main pour mettre pied à terre, et je montai au milieu d'une foule compacte qui me saluait des acclamations les plus variées dans une voiture découverte à quatre chevaux. Nous fûmes conduits au pas jusqu'à l'hôtel, car il fallait bien contenter l'envie qu'avait le peuple américain de contempler la princesse Raeffskoï-Préobaj.

A peine arrivés à *Girard-House*, nous fûmes forcés de paraître au balcon du premier étage pour répondre aux cris de bienvenue des gentlemen de toute espèce, — crottés ou non, — qui étaient avides de me voir. Mais là une autre épreuve m'attendait. Tous ces gentlemen se mirent tout à coup à crier : Hear! hear! (Ecoutez! écoutez!) croyant que j'allais parler, ou que Caïus parlerait, ou M. Burton.

« Madame, dit notre cornac, le peuple américain attend que vous lui disiez quelque chose. Et comme j'hésitais :

— Ce qu'il vous plaira, madame, la première chose venue; ceci, par exemple : « qu'ils « sont le premier et le plus grand de tous les « peuples.... » Allez, allez, pourvu que vous leur fassiez un compliment, ils vous tiendront quitte de tout. »

Par bonheur, avant de me montrer sur le balcon, j'avais eu le temps de lisser un peu mes cheveux et d'arranger ma coiffure devant une glace. J'étais donc sans vanité, assez en état de paraître devant le public, je mis la main sur mon cœur et je dis.... Non, je ne veux pas vous répéter ce que je dis.

Vous vous moqueriez de moi sans aucun doute, Laure surtout, qui est si rieuse, et le sévère Gaston-Phœbus.... Qu'il vous suffise de savoir que j'ai parlé un quart d'heure sans respirer en leur disant qu'ils étaient grands, beaux, jeunes, jolis, généreux, modestes, savants, bien élevés, artistes jusqu'au bout des ongles, et que d'un pôle à l'autre on n'entendait que leur éloge. Quand le discours fut fini,

M. Burton me dit que s'il avait su que je possédais un talent oratoire aussi distingué, il m'aurait engagée pour faire des discours et non pour chanter en public. Le fait est que ma petite harangue fut trouvée admirable par tous les journaux, qu'elle fut rapportée tout au long, comme si j'avais été George Washington lui-même, qu'on dit que j'étais la plus belle personne des temps modernes, et enfin qu'on me félicitait de n'être pas encore mariée, ce qui laissait apparemment des espérances à tous les célibataires des Etats-Unis. On insista même sur ce point avec tant de persévérance, que le pauvre Caïus en était tout déconfit et que je ne pouvais pas le regarder sans rire lorsqu'il me lisait le journal.

« A quoi bon ce conte absurde? disait-il l'autre jour à M. Burton. La voix de ma femme en sera-t-elle plus belle et plus harmonieuse? »

Mais Burton le regarda avec un grand sang-froid et lui dit :

« Mon cher monsieur, ce conte absurde, comme vous l'appelez, est la moitié de votre succès. Croyez-vous que le public de ce pays-ci soit très-connaisseur et très-ami des arts? Non; mais il veut qu'on l'amuse et qu'on l'étonne. Si la voix de Mme Schweizer était fausse (ce qu'à Dieu ne plaise), personne ici ne serait en état de s'en apercevoir, ou si quelque connaisseur s'en apercevait, je lui fermerais la bouche sur-le-champ en disant que Mlle Raeffskoi-Préobaj est la personne la plus vertueuse et la plus assidue aux exercices religieux qu'il y ait en Europe. Tout le monde serait pour elle, et le calomniateur confondu serait peut-être goudronné et roulé dans un tonneau de plumes.... Au reste, je suis content de notre entreprise, tout marche à merveille, et notre premier concert a donné quinze mille dollars. »

Voilà, bonne mère, à quoi nous passons le temps à Philadelphie. Deux fois par jour je reçois des députations, je harangue les gentlemen qui vendent du coton, ou les gentlemen qui fabriquent des souliers, ou les gentlemen qui balayent les rues, ou les gentlemen qui représentent le peuple au Congrès, ou les gentlemen qui pétrissent le pain; je secoue la main de chacun d'eux, je reçois leurs compliments, je les leur rends avec usure ainsi qu'aux jeunes demoiselles sans emploi qui viennent me demander mes conseils. J'ai donné un concert pour les pauvres ce qui a doublé ma popularité ; je me laisse photographier debout, de face, de profil, de dos, assise ; je donne mon nom à des établissements de toute espèce, et même à des omnibus. Caïus, tout ébloui de nos succès, donne du cor comme Roland à Roncevaux ; avant trois mois nous serons riches, et nous reprendrons le chemin de la rue Racine pour vous raconter nos aventures.

Quiconque a beaucoup vu,
Doit avoir beaucoup retenu.

« Adieu, mère, frère et sœur ; votre Henriette vous embrasse tous trois et brûle de se retrouver avec vous au coin de la cheminée. — H. Sch.

———

Lorsque ma mère eut terminé la lecture de cette lettre, Laure et moi nous gardâmes assez longtemps le silence. J'étais indigné d'apprendre que ma sœur, ma chère Henriette, fût forcée par la nécessité et la maladresse de Caïus Schweizer de se donner avec son mari en spectacle aux Américains comme un couple de saltimbanques.

Ma mère, étonnée de ce silence, m'en demanda la raison.

« Ce grand benêt de Caïus n'en fera jamais d'autres, lui dis-je. Il sera toujours la dupe du premier venu; mais ce qui m'afflige de plus, c'est de voir qu'il traîne Henriette avec lui, et que tôt ou tard elle sera forcée de prendre goût à cette vie de bohême, où les meilleurs esprits se corrompent, et où les cœurs les plus fiers s'avilissent.

— Ta, ta, ta! dit ma mère qui voyait toujours les choses en rose, tu es bien sévère, mon cher Gaston. Phœbus-Henriette et Schweizer sont deux artistes qui courent le monde; quel mal y a-t-il à cela! Aimerais-tu mieux que Caïus fît l'usure comme la Banque de France ou prêtât de l'argent sur gages comme un commissionnaire du Mont-de-Piété. Caïus a pris le bon parti. C'est un honnête garçon qui, musique et philosophie à part, n'a pas deux idées ; cependant il a besoin de boire et de manger comme la plupart des hommes ; il sent son incapacité et il a pris le parti de s'en remettre au Yankee du soin de le faire vivre.... Ma foi, loin d'en vouloir à ce cher M. Séméi Burton, je me sens toute disposée à le remercier d'avoir pris soin de leurs affaires.

C'est une garantie qu'ils auront au moins le vivre et le couvert, et peut-être quelque chose de plus. Ne seras-tu pas bien aise, Gaston-Phœbus, de voir revenir Henriette avec un million ou deux comme Jenny Lind, et de lui voir acheter un bon vieux château en Auvergne avec deux ou trois cents hectares de vignes et de prairies où tu pourras te promener et chasser à l'aise dans la belle saison, toi qui n'as jamais vu des lièvres que sous la forme de civet ou pendus derrière la vitrine des restaurateurs ?

Une fois lancée sur cette pente, rien ne pouvait plus arrêter ma mère. Elle écrivait déjà l'architecture et les proportions du château. Il devait être du douzième siècle pour le moins, et bâti sur un rocher à pic, isolé et suspendu au-dessus de précipices effroyables. Il ne devait pas avoir moins de quatre tours dont une octogone. C'est dans celle-là que devait être la chambre de Laure, à côté de la sienne. A droite était la chaîne des Monts-Dore. La vue s'étendait à gauche et en avant sur la fertile Limagne. Au pied du château coulait une petite rivière célèbre par ses truites, ses ombres et ses tacons....

« Mais, dit ma mère en s'enterrompant tout à coup, vous ne m'écoutez pas, je crois.... Serais-je déjà une radoteuse?... Gaston-Phœbus est immobile et silencieux comme un héron posé sur une patte, et Laure me regarde d'un air impatient comme si elle voulait me mener à la promenade.... Eh bien, allez-y tous deux, mes chers amis; je ne vous accompagnerai pas ce soir, je me sens fatiguée. »

Je me hâtai de profiter de la permission et d'entraîner Laure, car je craignais d'affliger ma mère en lui racontant la conversation que j'avais eue daus la journée avec M. Plotin, et cependant j'avais un besoin irrésistible de verser mes confidences dans un cœur ami.

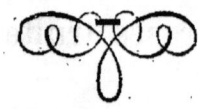

VI

Ce jour-là était l'un des plus beaux du mois de mai 185.... Le ciel était bleu : les arbres du Luxembourg (car c'est là que nous allions nous promener, Laure et moi) étaient couverts d'un feuillage épais; depuis la rue Saint-Jacques jusqu'à la rue Cassette, tout le quartier était en fête et se promenait dans les allées ; le le corps de musique d'un régiment de ligne donnait, suivant son usage, un concert gratuit entre sept et huit heures du soir; les enfants poursuivaient leurs balles et leurs cerceaux ;

les soldats s'approchaient modestement des bonnes; les étudiants donnaient le bras aux étudiantes; tout le monde paraissait heureux, et moi-même, quoiqu'un peu préoccupé de ma conversation avec M. Plotin, je me sentais le cœur léger et plein d'espérance.

Dès que nous fûmes engagés dans une allée assez retirée :

— Qu'as-tu ce soir, mon cher Gaston-Phœbus? me demanda Laure. Tu parais tout mélancolique. Est-il arrivé quelque chose? Est-ce nn malheur dont je puisse te consoler?

Je lui expliquai tous mes sujets d'inquiétude.

— N'est-ce que cela? dit-elle. Eh bien! congédie M. Plotin. Il aura plus de peine à trouver un secrétaire pareil à toi que toi à trouver un maître pareil à lui.... Il est temps, d'ailleurs, de secouer le joug et d'être homme. N'es-tu pas fatigué de n'avoir de l'esprit, de la science, des idées et du génie peut-être que sous le nom d'autrui? Qu'est-ce qui t'arrête?... La crainte de perdre les huit cents francs qu'il te fait gagner si péniblement?

— Hélas ! oui.

— Bon ! tu en retrouveras sans peine six fois davantage.... Et, pour commencer, qu'as-tu à craindre ? N'avons-nous pas dix-huit cents francs d'économies ?

— Dix-huit cents francs ! m'écriai-je étonné. Et où prendrions-nous cet argent ? C'est moi qui tiens les clefs de la caisse, et je puis dire que rien n'en sort et surtout rien n'y entre sans passer par mes mains. Où donc serait la source de ce trésor ?

— Mon cher Gaston-Phœbus, dit-elle en souriant et rougissant un peu, c'est mon secret. Tu sais que notre bonne mère, si parfaite en tout le reste, a pour garder l'argent une invincible antipathie. Dès qu'elle tient une pièce d'or, il faut qu'elle s'en délivre à tout prix, de sorte que si tu n'avais pas la prévoyance de payer toi-même les dépenses de première nécessité, nous serions réduits à la plus profonde misère. En même temps sa générosité est si grande qu'elle ne veut rien garder pour elle-même. Dès le premier jour que je suis entrée dans la maison, elle n'a voulu sous aucun prétexte recevoir de moi un centime. Tout au plus m'a-t-elle permis, comme tu sais, de payer moi-même ma toilette.

J'ai consenti à cet arrangement parce que je prévoyais (ce qui arrive aujourd'hui) qu'un jour tu pourrais avoir besoin de cet argent, et qu'il serait plus en sûreté dans mes mains que dans les vôtres. Comme maman ne se rend compte de rien, elle a crû que j'employais à mon usage le prix de mon travail et de ma peinture sur porcelaine. Jusqu'à présent je ne l'ai pas détrompée; mais le moment est venu de lui dire la vérité. Il faut que tu quittes M. Plotin, ou qu'il te fasse des conditions meilleures. Il faut que tu essaies quelque grande entreprise qui te donne à la fois la réputation et l'aisance. Il faut....

— Il faut, chère Laure, interrompis-je en l'embrassant et la serrant sur mon cœur, il faut que tu gardes cet argent puisque tu as été plus prévoyante que nous. J'aimerais mieux mourir de faim que d'y toucher. Comment! Nous te ferions payer la joie, le charme, le bonheur que tu as apportés à notre foyer! Tu aurais été mon âme, ma vie, mon espérance, ma lumière en ce monde, et tu voudrais être par-dessus le marché mon banquier!

Non, non, ma chère Laure, aussi vrai que je t'aime, aussi vrai que tu es plus belle que le soleil et tous les astres du ciel, je te jure.....

— Mon cher ami, dit-elle en riant et se dégageant de mes bras, ne prête aucun serment, je t'en prie, car je te jure, moi, que tu serais forcé de le violer. Laissons ces questions d'argent qui m'ennuient. Ta mère sera juge entre nous.... Et, ajouta-t-elle avec une émotion qui ne pouvait pas être feinte (car quel intérêt pouvait-elle avoir à feindre?) je ne t'avais jamais vu si poétique. Le soleil! La lune! Les étoiles! Tout est convoqué pour faire cortége à ma beauté. Je suis donc bien belle, Gaston-Phœbus, à ton avis?....

Et tout en faisant cette question elle me regardait avec une coquetterie gracieuse et fraternelle.

« Tu es si belle, lui dis-je, que je n'ai jamais rien vu de si beau sur la terre.

— Quoi! pas même notre sœur Henriette?

— Oh! Henriette, c'est autre chose.... Et si tu n'étais pas ma sœur!...

Ici j'hésitais un peu.

— Achève donc, dit-elle.... Si je n'étais pas ta sœur....

— Eh bien, il me semble que je t'aimerais encore davantage.

Cette réponse la fit rêver. Pendant quelques instants nous gardâmes le silence l'un et l'autre. J'étais étonné moi-même de ce que j'avais pensé lui dire. Nous nous levâmes du banc où nous étions assis. Elle prit mon bras, et d'une voix qui me parut altérée :

— Rentrons, dit-elle, on va fermer le jardin et ta mère doit être inquiète.

J'obéis sans essayer de la retenir. Mon cœur battait violemment, et elle m'a dit plus tard qu'ayant passé son bras sous le mien, elle en avait senti elle-même les palpitations. Nous échangeâmes encore quelques paroles banales avant d'arriver à la maison, mais aucune de ces paroles ne répondait à nos pensées.

VII

Au pied de l'escalier, la portière nous arrêta et dit à Laure :

— Mademoiselle, voici une lettre pour vous.

— Pour moi ! répliqua Laure étonnée. Vous vous trompez, sans doute. Je n'attends de lettres de personne.

— Je ne sais pas, dit la portière, si vous attendez ou si vous n'attendez pas des lettres, mais celle-ci est pour vous, foi d'honnête femme. Elle vient de Paris. Voyez le timbre. »

Laure prit la lettre et monta l'escalier avec moi. J'avais, s'il faut l'avouer, un secret pressentiment que cette lettre ne me serait pas indifférente.

Quand la lampe fut allumée, — car ma mère, restée seule, faisait de la musique dans l'obscurité, — je dis à Laure, qui n'avait pas encore ôté son chapeau et son châle :

« Regarde donc ce que veut cette lettre.

— Quelle lettre? demanda ma mère.

— C'est une lettre qu'on m'a remise tout à l'heure, dit Laure en jetant son châle sur un fauteuil. »

Elle regarda l'enveloppe.

« .... Je ne connais pas cette écriture, continua-t-elle négligemment; ce doit être quelque fabricant de porcelaine qui m'écrit pour m'offrir de l'ouvrage; mais si tu es pressé d'en connaître le contenu, ouvre-la toi-même, Gaston-Phœbus, et lis-nous-la tout haut. »

Je me hâtai d'obéir, et je lus ce qui suit :

« Mademoiselle,

« Vous ne me connaissez pas, mais je vous vois tous les jours, et je vous aime.... »

A ces mots, ma mère et Laure éclatèrent de rire; moi, je me sentais furieux, et je regardai la signature.

« Émile Buchery, »

« Rue de l'Odéon, 75. »

Je gravai ce nom dans ma mémoire avec le dessein de chercher celui qui le portait et de lui couper la gorge.

« Eh bien ! dit ma mère en riant toujours, ce monsieur n'a pas mauvais goût. Continue donc ta lecture.

— Lis toi-même, lui dis-je en chiffonnant la lettre dans mes mains et la jetant sur la table d'un air de mauvaise humeur.

— Ah ! le mauvais caractère ! s'écria ma mère. Le voilà qui va se mettre en colère parce qu'un monsieur s'avise de nous trouver aimables ! Que serait-ce donc si ce monsieur nous avait trouvées laides ? Gaston-Phœbus le percerait sans doute de part en part.... Voyons la suite, puisque Gaston-Phœbus a ses nerfs.... »

Hum ! hum ! « Je vous vois tous les jours

et je vous aime. Comment vous voir et ne pas vous adorer? » Effectivement, ce monsieur manquerait à tous ses devoirs....

Pendant que ma mère continuait tout haut sa lettre, je me sentais le cœur mordu d'une rage et d'une jalousie incroyable. Comment! le premier venu se permettrait d'aimer Laure et de lui écrire; et moi!... A dire vrai, ce choc imprévu, joint à la conversation précédente, m'éclairait moi-même sur mes propres sentiments. Ce que j'avais pris jusque-là pour de l'amitié fraternelle était un amour vrai, profond et jaloux comme tous les amours. J'entendis sans y faire grande attention toutes les protestations dont la lettre était remplie; mais je fus frappé du passage suivant qui en était pour ainsi dire la conclusion pratique.

« Mademoiselle, si cet amour si pur, si profond, et qui ne finira qu'avec ma vie, vous inspire, comme j'ose à peine l'espérer, quelque curiosité de voir celui qui voudrait pouvoir déposer à vos pieds tous les royaumes de la terre, permettez-moi de vous prier de mettre à votre ceinture une fleur rouge lorsque vous irez, suivant votre habitude, vous promener au Luxembourg avec votre mère ou votre frère. Je saurai alors que je puis approcher de vous et me faire connaître sans crainte de vous déplaire. »

— Ma foi, dit ma mère en jetant la lettre ur la table, les jeunes gens de ce temps-là (car c'est un jeune homme évidemment) vont assez vite en affaires. Diable ! ce monsieur demande un rendez-vous pour la première fois! Ce n'est pas le patient Amadis de Gaule ; c'est le vif et pétulant Galaor.... Et toi, Laure, qu'en penses-tu?

Laure me regardait avec distraction. Réveillée comme en sursaut par la question de ma mère, elle répondit :

« Je pense que ce Galaor, comme tu l'appelles, est un impertinent, et qu'il est bien désagréable de ne pouvoir pas fermer la bouche à un sot. »

Cette réponse me fit plaisir, car je ne laissais pas d'avoir quelque inquiétude. Une autre chose me rassura encore davantage, c'est que la lettre même indiquait assez que Laure n'avait jamais vu ou remarqué son correspondant. Néanmoins, j'étais si indigné qu'un autre que moi pût avoir l'audace de lever les yeux sur Laure que je résolus d'en tirer vengeance sur-le-champ.

Je me levai donc sans rien dire, et prenant mon chapeau, j'allais sortir lorsque ma mère, qui eut quelque soupçon de la vérité, me dit :

« Où vas-tu, Gaston-Phœbus? Il est trop tôt pour te coucher.

— Nous nous sommes à peine promenés. Laure a voulu rentrer. Je vais achever ma promenade. »

Ma mère ne répliqua rien, soit qu'elle ne crût pas pouvoir me retenir, soit qu'elle craignît de m'avoir prêté un dessein auquel je ne songeais pas, et de m'en donner ainsi l'idée; mais elle me parut pensive et rêveuse contre son habitude.

« Au moins, dit-elle, tu t'arrêteras ici à ton retour avant de monter dans ta mansarde. »

Je le promis et je pris la fuite.

Naturellement j'allai tout droit rue de

l'Odéon, dans l'espérance de rencontrer M. Buchery, et d'avoir avec lui une explication des plus vives. Il ne s'agissait de rien moins que de lui offrir deux soufflets. Ce début conciliant devait me dispenser de faire la moindre allusion à la lettre qu'il avait écrite, de sorte que le nom de Laure ne serait pas même prononcé devant les témoins, et qu'on se couperait la gorge sans discours compromettant.

Monsieur le portier de la maison n° 75 de la rue de l'Odéon était en train de ressemeler ses bottes ou celles d'autrui (car il était cordonnier de naissance), lorsque je m'informai de M. Émile Buchery.

Il releva ses lunettes sur son front, et répondit que M. Buchery était sorti.

« Savez-vous où je pourrai le rencontrer ?

— Monsieur, répliqua le portier avec fierté, croyez-vous que je sois sur la piste de tous mes locataires ?

— Mon ami, interrompit sa femme, qui lisait le journal auprès de lui, M. Buchery doit être à cette heure-ci au café ***, qui fait le coin de la rue Soufflot et de la place du Panthéon. C'est l'heure où M. Buchery fait sa partie de billard.

— Il est donc bien régulier dans ses habitudes? demandai-je étonné.

— Monsieur, répondit la portière, M. Buchery est rangé comme un notaire. Je dois le savoir, puisque c'est moi qui fais sa chambre. A neuf heures il sort de son lit et met ses pantoufles, sa robe de chambre grecque et son béret rouge. A neuf heures un quart il allume sa pipe; à dix heures, il va déjeuner; à onze heures il prend sa demi-tasse et il joue au billard jusqu'à trois heures. De trois heures à cinq heures, il joue aux cartes et boit deux verres d'absinthe; puis il se promène jusqu'à six heures. Il va dîner jusqu'à huit heures et demie ou neuf heures. Il passe ici pour savoir si quelqu'un est venu lui parler dans la journée; et enfin il va faire sa partie de billard jusqu'à dix ou onze heures. Le reste du temps est donné à ses affections, car....

— Te tairas-tu, bavarde! s'écria le portier impatienté. Sais-tu seulement devant qui tu parles?

— Mon Dieu ! reprit la femme il ne faut pas être bien sorcière pour deviner que monsieur n'est ni le père, ni l'oncle, ni le tuteur, ni le banquier de M. Buchery. »

Cette physiologie de mon rival me donna quelque envie de rire et de prendre des informations particulières sur son caractère.

« Et quand donc, dis-je, prépare-t-il ses examens? (A la maison, au portier, à la portière j'avais reconnu que Buchery était étudiant.)

— Du 1er au 15 août..., répondit la portière ; — mais monsieur a-t-il quelque chose à nous dire qu'on pourrait répéter à M. Buchery ?

— Non, non. »

Et je m'en allai précipitamment, mais pas assez vite pourtant pour échapper à la phrase suivante, qui me fut lancée par le portier :

« Eh ! dites-donc, malhonnête, allez-vous fermer la porte ?... Va-nu-pieds, va ! »

Du reste, je ne me souciais guère de ce qu'il pouvait me dire, et je pris sans hésiter le chemin de la rue Soufflot.

Le café qu'on m'avait désigné était facile à reconnaître. Il étincelait dans ce quartier où tous les magasins sont fermés de bonne heure et où les réverbères sont seuls chargés d'éclairer les rues. On entendait de loin le choc des billes, les exclamations des joueurs, le grincement des dominos sur les tables de marbre. Je montai au premier étage, et je m'assis dans un coin de la salle toute remplie de fumée pour reconnaître d'avance mon ennemi.

Au premier coup d'œil, je le reconnus. C'était un grand garçon robuste et élancé, avec des cheveux rouges, une moustache rouge, des yeux hardis, presque insolents, un rire bruyant et tapageur, un bel homme, enfin, de ceux qui appellent le garçon d'une voix de tonnerre, qui embrassent les servantes d'auberge, et qui, sans être aimés de personne, s'imposent à tout le monde.

Je le reconnus à deux signes : premièrement au béret rouge dont m'avait parlé sa portière, et secondement au regard qu'il jeta sur moi dès que je fus entré. Évidemment il

m'avait vu avec Laure et me connaissait déjà.
Un instant après, je n'eus plus aucun doute ;
quelqu'un l'appela par son nom.

Sans paraître le remarquer, je fis apporter
ma chope sur une table voisine du billard où
il jouait avec un de ses camarades. Il me suivait de l'œil et se rangea très-poliment pour
me laisser passer. Évidemment il avait envie
de lier connaissance avec moi. Je suppose qu'il
comptait déjà faire de moi un ami, et, par
cette amitié, se rapprocher de Laure ; mais je
riais en moi-même de sa finesse.

Un instant après je me levai d'un air nonchalant, et debout près du billard où il jouait
je me joignis aux badauds qui faisaient galerie
et jugeaient des coups. Je voulais critiquer son
jeu, l'irriter et l'amener insensiblement à une
querelle.

Je n'eus pas d'abord cette satisfaction, car
Buchery, qui était un joueur exercé, faisait
peu de fautes, et de plus il avait trop d'intérêt
à me ménager pour faire attention à mes remarques désobligeantes. Cependant il parut
étonné de l'insistance avec laquelle je faisais

valoir tous les coups de son adversaire tout en dépréciant les siens.

Il se contint encore pendant quelques minutes ; mais, sur une critique nouvelle, la patience lui échappa et il murmura à demi-voix quelques mots que personne n'entendit et qui me firent voir que l'orage allait éclater.

« Plaît-il, monsieur ? lui dis-je d'un air assez provocant.

— Eh ! allez aux cinq cents diables ! Vous me faites manquer tous mes coups ! répliqua-t-il.

— Voulez-vous, monsieur, que je vous donne une leçon de politesse ? »

A cette question il devint pâle de fureur et me regarda comme s'il avait voulu me dévorer ; mais je soutins son regard avec une telle fermeté qu'il fut forcé de baisser les yeux. Peut-être aussi pensa-t-il qu'il ne fallait pas se brouiller avec le frère de Laure.

Soit cette raison, soit quelque autre, il garda le silence ; mais ce n'était pas mon compte. Je voulais absolument lui chercher querelle. Aussi, la partie terminée, comme je vis qu'il avait perdu, je dis assez haut pour qu'il pût m'entendre :

« Voilà ce que c'est que de jouer comme une mazette. »

Cette fois, la mesure était comble et il avait pris son parti, car il s'avança vers moi et me dit avec emportement :

« Vous ! si vous dites un mot de plus, je....

Je me levai de la chaise sur laquelle j'étais assis, et le regardant dans les yeux, je lui dis à mon tour avec une fureur égale à la sienne, mais dont il ne pouvait pas deviner le motif :

« Monsieur, j'ai dit que vous jouez comme une mazette, et je le répète. J'ajoute maintenant que vous êtes un fanfaron et un drôle....»

Il s'élança sur moi ; mais son camarade le retint. Pour moi je saisis ma chope, menaçant, s'il faisait un pas de plus, de la lui jeter à la figure.

— Va, va, me cria-t-il, pendant que ses amis l'entraînaient, je te retrouverai, et tu auras affaire à moi !

— Quand tu voudras ! criai-je à mon tour.

Un instant après, deux de ses amis revinrent et me déclarèrent qu'après avoir tenu conseil, ils avaient décidé que je devais réparation d'honneur à M. Émile Buchery, soit par les armes, soit par des excuses publiques.

Je répondis que je choisissais les armes.

Et comme on me demanda de désigner mes témoins, je priai deux sous-officiers qui jouaient tranquillement aux dominos dans le café de vouloir bien me rendre ce service, ce qu'ils acceptèrent de grand cœur, — prévoyant peut-être qu'on plumerait les canards et qu'ils seraient de la partie.

Enfin, je demandai qu'on se dépêchât de finir l'affaire dès le lendemain matin à sept heures, car je craignais qu'un plus long délai ne laissât à ma mère ou à Laure le temps de soupçonner le duel et ne leur causât de mortelles inquiétudes.

On tomba d'accord de tout, et l'on décida enfin qu'on irait au bois de Vincennes ; qu'on se battrait au pistolet d'abord, et, si le pistolet ne donnait aucun résultat, à l'épée.

Tous ces arrangements pris, je rentrai chez moi, très-fier d'avoir si bien protégé l'honneur de Laure, très-fier d'avoir un duel, très-fier de l'avoir si bien caché à ma mère, et très-fier enfin de tout, comme on l'est à vingt-deux ans.

VIII

Vous ne serez pas étonné sans doute, mon cher ami, si je dis que la nuit qui précéda le duel fut pour moi aussi tranquille que celle du feu prince de Condé, la veille de la bataille de Rocroy. Ce n'est pas qu'il y ait jamais eu la moindre ressemblance entre ce héros et moi ; mais c'est un privilége des jeunes gens qu'aucune idée funèbre ne peut longtemps trouver place dans leur cervelle. Il est certain que je ne pensai pas un instant qu'il pût m'arriver d'être tué. Quant à tuer mon adversaire, je n'y pensai pas davantage; il me suffisait de lui donner une « leçon, » peut-être même, car il est difficile de voir clairement le fond de son propre cœur, n'avais-je d'autre dessein que de montrer à Laure toute l'étendue de mon courage et toute la profondeur de mon amour. Beaucoup de gens ont fait des actions héroïques et exposé cent fois leur vie aux yeux de tout l'univers, qui n'avaient pas de motifs plus sérieux pour se faire casser la tête, car l'amour de la gloire n'est au fond que le désir d'éblouir quelques millions de spectateurs indifférents ; et, certes, un regard de Laure valait pour moi les applaudissements du genre humain tout entier.

Le lendemain je fus sur pied de grand matin, car je venais habituellement vers huit heures pour voir ma mère et Laure, avant d'aller chez M. Plotin, et je voulais être revenu assez tôt pour qu'on ne s'aperçût pas de ma sortie. Je voulais qu'on apprît en même temps mon danger et ma victoire. Des héros plus parfaits auraient tenu sans doute à cacher l'un et l'autre; mais je ne suis qu'un homme, et cette légère vanité de vouloir passer pour un héros ne contribuait pas peu, je l'avoue, à fortifier mon courage.

Dès six heures du matin j'étais donc à Vincennes, escorté de mes deux témoins qui, par bonheur, y tenaient garnison. L'un des deux, nommé Tory, me conduisit chez un marchand vin et me fit boire un petit verre d'eau-de-vie. C'était, selon lui, la meilleure préparation pour aller se battre, et il en avait usé en Crimée, dans la tranchée de Sébastopol. (Du reste, je soupçonne que c'était pour lui la panacée universelle, car il s'en servait en toute circonstance et regardait l'eau-de-vie comme un remède souverain contre la fièvre, la goutte, la migraine, le coryza, le mal de dents, la constipation et la diarrhée.)

« Croyez-moi, cher monsieur, disait-il, avec un verre de bonne eau-de-vie dans le coffre on peut marcher et se battre pendant vingt-quatre heures. Si Napoléon avait eu soin de prendre sa ration pendant la bataille de Leipzig, il aurait jeté les Prussiens dans l'Elster au lieu d'y laisser tomber Poniatowsky. Et le matin de

Waterloo, si la cantine avait été munie comme elle aurait dû l'être, Wellington aurait été sabré sur le plateau de Mont-Saint-Jean, et Blücher ne serait arrivé que pour assister à l'enterrement de son confrère.... Tenez, je me souviens encore qu'une heure avant le second assaut de Malakoff (vous savez, le bon, celui qui nous mena dans Sébastopol), le géneral Mac-Mahon....

Tout en parlant nous étions arrivés sur le terrain, dans une petite clairière, à quelque distance du polygone, où nous avions donné rendez-vous à mon adversaire. Il y arrivait en même temps que nous, et sa rencontre interrompit la conversation.

L'un de ses témoins s'avança vers nous et nous salua poliment.

« Monsieur Buchery, dit-il, désire avoir une explication personnelle avec M. Cahorzac. »

Je me hâtai de répondre que cette explication était inutile, que je n'avais rien à rétracter, que je maintenais tout ce que j'avais dit la veille, — à savoir que M. Buchery était une mazette au jeu de billard, et de plus un fanfaron et un drôle dans la vie privée, et que si ces paroles étaient la cause du duel, il ne nous restait plus qu'à commencer le combat. (Au fond, je ne craignais rien tant qu'une explication publique où le nom de Laure aurait pu être mêlé).

Mes témoins parurent un peu étonnés de ma roideur, mais ils ne me désapprouvèrent pas, et Tory dit même assez rondement :

« Le vin est tiré ; il faut le boire.

— Pardon, monsieur, continua le témoin de Buchery; vous vous méprenez, je crois, sur les intentions de notre ami. Il ne veut pas éviter le combat, mais savoir pourquoi M. Cahorzac lui a cherché querelle, car il soupçonne... »

Ici je lui coupai la parole.

« Monsieur, dis-je, si M. Buchery se regarde comme insulté par moi, qu'il se batte; sinon, qu'il nous laisse tranquille avec ses demandes continuelles d'explications, et qu'il ne dérange pas d'honnêtes gens de leur travail pour leur offrir de discuter encore ce qui devrait être décidé depuis longtemps. Ce n'est pas moi qui l'ai provoqué. S'il lui plaît, après avoir fait blanc de son épée, de la remettre au fourreau, qu'il rengaîne. Le courage est une bonne chose, dit le poëte Ferdouzi; mais la prudence est un trésor. »

Buchery, qui s'était rapproché pour entendre ma réponse, rougit de honte à ces dernières paroles.

« Eh bien, soit, monsieur, dit-il avec colère; vous voulez un combat à mort, et vous l'aurez.

— Allons donc, répliquai-je, il était temps de vous décider. »

On chargea les pistolets avec soin, on mesura une distance de quinze pas, on nous mit en face l'un de l'autre, et l'on donna le signal en frappant trois coups dans les mains.

Au troisième coup, nous tirâmes ensemble et avec un succès tout pareil : je veux dire que les deux balles s'égarèrent dans les branches des arbres qui entouraient la clairière.

« Mon cher monsieur, dit Tory après avoir rechargé les pistolets, rectifiez un peu votre tir. Visez plus bas, et surtout ne tirez pas au hasard et dans le tas, comme si vous aviez devant vous une douzaine de perdreaux. Visez quelque chose, le genou droit, par exemple, si vous voulez toucher l'épaule. »

Au sang-froid avec lequel ce brave garçon me donnait ses conseils pour la rectification du tir, on voyait qu'il n'était lui-même ni le tireur, ni la cible. Néanmoins je profitai si bien de ce bon conseil, qu'au second coup de pistolet, ma balle perça le pauvre Buchery dans la poitrine, pendant que la sienne faisait un trou dans mon paletot, près du poignet, et se perdait dans l'arbre qui était derrière moi.

Buchery se laissa tomber sur le gazon, et fut presque aussitôt relevé par ses témoins. Il parlait de continuer le combat et voulait qu'on rechargeât les pistolets, mais on s'y opposa. Il perdait beaucoup de sang, sa vue s'obscurcissait, et déjà je commençais à craindre que ma victoire n'eût des suites funestes.

Nous eûmes grand'peine à le transporter dans le fiacre qui l'avait amené. Au moment de le quitter, je fus rappelé par lui.

« Monsieur, dit-il après avoir du geste écarté nos témoins, il est impossible que vous n'ayez pas contre moi quelque sujet de haine que j'ignore, car vous m'avez insulté gratuitement hier au soir, et c'est bien malgré moi que je me suis vu amené à une rencontre. »

La vue de ce pauvre garçon, qui peut-être était sur le point de rendre l'âme, me donna quelque regret de ce que j'avais fait; mais la crainte de compromettre le nom de Laure me fit garder le silence.

« Dans tous les cas, ajouta-t-il, quelque sujet de plainte que vous ayez contre moi, vous êtes bien vengé, car vous m'avez insulté et peut-être blessé mortellement. Vous ne pouvez donc pas refuser de me donner la main en signe de réconciliation.

Plus Buchery montrait le désir de se réconcilier avec moi, plus je me raidissais contre cette idée, car je me voyais par une pente fatale glisser de la réconciliation dans une amitié que je n'avais aucun prétexte plausible de refuser, et qui l'aurait conduit dans ma maison et près de Laure, ce que je voulais éviter à tout prix.

Je me contentai donc de lui dire avec une

dureté apparente qui n'était au fond que de la prudence.

« Mon cher monsieur Buchery, je vous donne volontiers la main et je vous tiens pour un homme de cœur et d'honneur; mais je suis né vindicatif et il m'est impossible de pardonner à ceux qui m'ont offensé une seule fois. C'est pourquoi ne comptez pas que nous nous revoyions jamais. Le meilleur que nous puissions faire l'un et l'autre est donc de ne nous revoir jamais. »

Là-dessus, je le saluai très-poliment et je partis avec mes témoins pendant qu'on le conduisait en fiacre chez un chirurgien militaire de Vincennes qui (je l'appris quelques instants plus tard, car un de mes témoins alla s'en informer avant de revenir à Paris) assura que sa blessure, quoique grave, serait facilement guérie.

Mes deux sous-officiers m'avaient laissé faire sans hasarder aucune observation. En dehors du combat, ils ne se croyaient pas le droit de me donner le moindre avis, et ils ne rompirent le silence que cinq minutes après que nous eûmes quitté le champ de bataille.

« Maintenant, messieurs, leur dis-je, il faut rentrer à Paris et déjeuner. »

C'était bien leur dessein, et je crois que j'aurais eu la cervelle brûlée et la poitrine percée de part en part sans que ce double accident eût diminué leur appétit d'un milligramme de beefsteack ou d'un centilitre de vin. Heureusement, les choses avaient mieux tourné, et, sauf un certain regret du sang versé, tous deux étaient en humeur de bien faire.

Pour moi, j'étais surtout impatient de voir ma mère et de la rassurer, si par hasard elle s'était aperçue de mon absence. Nous montâmes donc dans une voiture qui nous conduisit assez vite au coin de la rue de l'École-de-Médecine, où je mis pied à terre avec mes deux braves, afin que le bruit des roues de la voiture et l'aspect inusité d'un fiacre arrêté devant notre maison n'attirât pas les regards des voisins.

Je ne voulais que prendre le temps de voir et d'embrasser ma mère et Laure, de redescendre sous prétexte d'aller chez M. Plotin, et de rejoindre mes sous-officiers au café Voltaire où je leur avais donné rendez-vous.

Mais par un hasard assez fréquent, ma mère était montée de bonne heure dans ma chambre, s'était aperçue de mon absence, avait cherché dans mes tiroirs et remarqué la disparition de mon plus beau paletot (celui-là même que j'avais endossé pour faire meilleure figure à la bataille).

Elle était donc fort inquiète et se demandait quel motif extraordinaire pouvait m'avoir obligé à sortir de si bonne heure et surtout à revêtir mon paletot neuf, — un paletot né trois mois auparavant et que je ne portais qu'aux jours de cérémonie. Pendant que, redescendue, elle communiquait ses inquiétudes et ses conjectures à Laure, toutes deux m'aperçurent de la fenêtre et virent en même temps les deux sous-officiers qui me flanquaient à droite et à gauche.

Je me hâtai de quitter mes témoins en les priant de m'attendre au café, et je montai quatre à quatre l'escalier.

« D'où viens-tu, Gaston-Phœbus? me dit ma mère. Te voilà beau comme un astre et radieux comme un soleil. Peste! tu as pris ton beau paletot, ta cravate est nouée comme si tu allais à la noce. Qu'est-ce que tout cela, grand Dieu!

« Eh mais...., ajouta-t-elle en regardant de plus près le paletot dont la manche avait été trouée par la balle en deux endroits, qui donc a percé ton paletot neuf?

— Je ne savais pas, répondis-je d'un air indifférent, que tu aurais la vue si perçante.... Je viens de tirer deux coups de pistolet sur M. Émile Buchery, et il en a tiré deux sur moi dont un seul a porté malheureusement sur mon paletot neuf. Voilà toute l'histoire, et ces deux sous-officiers que tu as vus tout à l'heure avec moi étaient mes témoins.

— Comment! malheureux enfant! s'écria ma mère, tu vas tirer des coups de pistolet sur les gens! »

Elle feignait d'être indignée; mais au fond elle était ravie et fière de mon exploit. Je le voyais dans ses yeux pleins de joie, de rire, d'orgueil et de larmes.

« Mais regarde donc, Laure, disait-elle, regarde donc ce Gaston-Phœbus avec sa figure si douce et son air si grave qu'on croirait qu'il passe son temps à dire des patenôtres.... Le voilà qui fait le tapageur, qui brûle la cervelle aux gens.... Es-tu fou, mon cher ami, dit-elle en m'embrassant pour la sixième fois, es-tu fou de chercher querelle aux passants?

— Ah! maman, M. Buchery n'était pas un passant.

— Qu'était-ce donc?

— C'était, dis-je avec gravité, un impertinent qui avait manqué de respect à Laure.

— Comment! c'est l'homme qui écrivait à Laure hier au soir?

— Oui.

— Et tu es allé le provoquer en duel pour cela?

— Oh! pour cela, non. Je suis allé le regarder pendant qu'il jouait au billard. Il était maladroit. Je l'ai appelé mazette. Il s'est fâché. Je l'ai appelé drôle et je ne sais quoi encore.

Il m'a envoyé ses témoins et nous nous sommes battus il y a une heure à Vincennes.

« Tu ne l'as pas tué! j'espère?

— Oh! non. Serai-je si gai si je ne l'avais envoyé *ad patres?* Je lui ai donné une leçon dont il se souviendra longtemps.

— Voyez-vous ce matamore?.. Ah! tu te mêles de donner des leçons aux gens! Mais est-ce que tu vas monter la garde autour de ta sœur pour éloigner tous ceux qui seront exposés à l'aimer? Sais-tu même si Laure le trouvera bon? »

Jusque-là Laure était restée silencieuse et me regardait avec une tendresse inexprimable. Aux paroles de ma mère, elle se leva.

« Chère maman, dit-elle, je suis bien fâchée d'être pour vous la source de telles inquiétudes. Je remercie Gaston-Phœbus de ce qu'il a fait pour moi; mais s'il devait recommencer, je quitterais la maison pour ne plus y revenir jamais.

— C'est cela, ma chère enfant, dit ma mère, chapitre et semonce vertement ce garçon-là;

moi, pendant ce temps, je vais préparer le chocolat. »

Et elle sortit nous laissant seuls.

O souvenir chéri des premières et éternelles amours, qui pourra vous effacer de ma mémoire ?

Dès que ma mère fut sortie, je tombai aux genoux de Laure, je pris ses deux mains, je les baisai avec passion et je lui dis :

« Chère âme de ma vie, me pardonneras-tu ce que j'ai fait pour toi ? M'aimeras-tu comme je t'aime, uniquement, passionnément, non plus comme frère et sœur, mais comme amant et maîtresse, comme mari et femme, comme tout ce qui s'aime sous l'œil de Dieu ? »

Je ne sais ce qu'elle répondit, ni si elle répondit, mais elle se pencha vers moi et je reçus d'elle le premier baiser d'un chaste et pur amour.

Hélas ! pourquoi ce bonheur si court et si fugitif n'a-t-il pas duré plus longtemps, car elle était sincère alors, j'en suis sûr ; elle m'aimait! Mais qui peut être sûr de sa destinée?

Tout à coup ma mère rentra et me vit à genoux devant Laure, qui releva la tête en rougissant.

« Eh bien, dit-elle, à quoi pensez-vous donc? Laure, est-ce ainsi que tu le réprimandes?... Je vois bien, ma chère enfant que tu n'y entends rien.... Va faire le chocolat, et laisse-nous. »

Laure se hâta de prendre sa place dans la cuisine.

« Et toi, mon ami Gaston-Phœbus, dit-elle d'un ai moitié sérieux, moitié riant, il me semble que tu t'émancipes aujourd'hui, et que tu deviens homme tout à fait. Qu'est-ce que tu racontais donc à Laure de si près que j'ai cru, Dieu me pardonne! que vos lèvres s'étaient rencontrées dans un baiser?

— Je l'aime, chère maman, je l'aime! Et elle m'aime!

— Eh bien! dit ma mère, il n'y a pas grand mal à cela. Mais que comptez-vous faire?... Vous êtes bien jeunes tous deux, toi surtout....

Et pour entrer en ménage il faudrait avoir quelque argent.... Où sont tes économies. »

Je baissai la tête fort attristé de cet obstacle, qui ne me paraissait cependant pas insurmontable.

« Certes non, s'écria ma mère; il n'est pas insurmontable, et l'on peut bien s'aimer sous les toits comme les moineaux et les chats de gouttières.... Mais il faut prévoir les enfants, qui sont la suite naturelle du mariage, et leur nourricerie, et leur éducation, et leur établissement dans le monde.... Il faut leur donner une dot. »

Vous voyez jusqu'où allait sa prévoyance. Elle pensait déjà à doter ses petits-enfants, elle qui n'était pas capable de garder un écu de cinq francs dans son tiroir pendant toute une journée. Ce seul trait peint ma mère.

« Où vas-tu ? dit-elle en voyant que je prenais mon chapeau pour sortir. »

Je lui expliquai que j'allais déjeuner avec mes témoins et qu'ils m'attendaient.

« Va, dit-elle; je vais causer de tout ceci avec Laure, et nous tâcherons de tout arranger pour le mieux.... Mais qui m'aurait dit que ce Gaston-Phœbus, que j'ai vu pas plus haut qu'un tabouret, et dont la moustache n'a pas encore un an ?... Et Laure !... Ah ! les enfants ! les enfants !

X

Mes deux sous-officiers m'attendaient de pied ferme comme deux braves et en étaient au second verre d'absinthe lorsque j'allai les rejoindre. A dire vrai, l'absinthe n'était pas nécessaire, car la divine Providence, qui sait bien ce qu'elle fait (au dire des philosophes), a toujours eu soin d'aiguiser l'appétit de ceux qui ont le moins d'occasions de le satisfaire.

Mais enfin, vaille que vaille, l'occasion était si solennelle pour moi, et mes témoins s'étaient offerts de si bon cœur à me servir, que je fis grandement les choses et que mes deux convives, après déjeuner, ayant voulu jouer au billard, l'un perça le tapis d'un coup de queue, et l'autre, Tory, s'assit sur le chapeau neuf d'un monsieur très-savant qui lisait d'un air attentif la *Revue des Deux-Mondes.*

Ce petit accident faillit tourner au tragique, car le monsieur se mit fort en colère, et aurait je crois essayé de venger son chapeau à coups de poing si ses voisins ne l'avaient retenu et si je n'avais eu la prudence d'emmener Tory.

Cependant, vers quatre heures de l'après-midi, nous nous séparâmes avec de telles protestations d'amitié, que Tory me jura qu'il m'aimait autant que son frère cadet, qui était canonnier dans la 1re du 2e de la 5e, et plus que son frère aîné, qui vendait du calicot dans la rue du Faubourg-Montmartre, à l'enseigne du *Saint-Martin.*

« Vois-tu, me dit-il, c'est entre nous à la vie, à la mort.... Et je voudrais qu'on dît du mal de toi devant moi, qu'on t'appelât mazette, propre à rien, canaille ou va-nu-pieds.... Je leur donnerais un fameux coup de torchon. »

Les protestations de son camarade ne furent pas moins vives et moins chaleureuses, et il ne tint qu'à moi de croire que j'avais acquis ce jour-là une paire de Pylades, prêts à se jeter au feu pour moi.

Quelques minutes après je revins à la maison, où ma mère et Laure m'attendaient. Grâce au ciel, tout en encourageant mes amis à se désaltérer, j'avais gardé mon sang-froid.

« Gaston-Phœbus, dit ma mère, Laure m'a tout dit : vos projets d'avenir, la demande que tu as adressée à M. Plotin, et l'offre qu'elle t'a faite et que tu as refusée.... »

Ici je voulus l'interrompre.

« Tu as bien fait de refuser, dit-elle ; mais je veux que tu acceptes. A présent, il ne s'agit plus de vaine délicatesse. Entre vous tout est commun, le présent et l'avenir. »

Je protestai que je serais inébranlable dans mon refus.

« Bien ! répliqua Laure. Je m'y attendais ; mais alors voici ce que j'ai décidé, et je serai tout aussi entêtée que Gaston-Phœbus. D'ici au mois de septembre, je veux que ce méchant garçon se prépare, comme il en avait le dessein, pour le concours du prix fondé par dom Miguel-de-Avalos-y-Guadarrama-y-Otros-Montes en faveur de l'auteur du meilleur livre sur l'histoire d'Espagne qui sera présenté cette année à l'Académie des sciences morales et politiques. Comme je suis persuadée d'avance que cette histoire sera un chef-d'œuvre, car j'ai foi dans le génie de mon cher Gaston-Phœbus, je m'engage à la faire publier à mes frais, si par une injustice impossible à prévoir, elle n'avait pas le prix, et dans ce cas, pour mettre tout à fait à couvert la générosité de cet historien trop délicat, je consens que le premier argent qu'il retirera de la vente me soit destiné. Voyons suis-je assez arabe et corsaire? Ai-je pris assez de précautions pour ne pas perdre mon argent? Shylock lui-même n'aurait pas trouvé mieux.... Et maintenant, cette histoire faite ou du moins ébauchée, ce qui ne sera pas long, car il en a depuis longtemps préparé les éléments, Gaston-Phœbus prendra son habit des dimanches, ses gants de cérémonie, son air grave et sensé.... non pas celui qu'il a maintenant en me regardant.... un autre... et il ira prier M. Aubaret, qui est son ami et le nôtre, de le faire nommer professeur de quelque chose dans un lycée de province. Il est licencié ès lettres ; ce ne sera donc pas difficile....

— Et, dis-je en l'interrompant, tu seras ma femme.

— Mes enfants, répliqua ma mère, votre mariage est certain. Personne ne veut s'y opposer, pas même moi qui seule en ai le droit et qui le regarde comme l'événement le plus heureux de ma vie. Mais rien ne presse. Il faut d'abord assurer l'avenir. Croyez-moi, mes chers enfants, vous ne serez jamais plus heureux qu'à présent. Vous avez à la fois l'espérance et la certitude du bonheur. Prenez donc patience.... Qui sait d'ailleurs si ce que vous éprouvez l'un pour l'autre est vraiment de l'amour, ou seulement une amitié exaltée par la vie intime et solitaire que nous menons ici ? »

Je me récriai fort contre cette idée. Laure, sans rien dire, m'approuvait des yeux.

« Dans tous les cas, continua ma mère, un ménage nouveau entraîne des dépenses nouvelles. Tâchez d'amasser quelques fonds de réserve, car enfin l'homme ne vit pas seulement d'amour, mais de pain frais et de bœuf rôti ou bouilli..... Au reste, vous ne serez pas séparés; nous suivrons Gaston-Phœbus en province.... »

La conclusion fut que je me soumis à tout ce que ma mère et Laure voulurent m'ordonner, et que j'allai le lendemain prendre congé de M. Plotin.

Ce grand homme en parut surpris. Évidemment il avait cru que je ne pourrais jamais le quitter.

« Mon cher ami, daigna-t-il me dire, vous avez tort de prendre feu pour si peu de chose. Je vous croyais plus désintéressé. S'il ne tient qu'à trois ou quatre cents francs d'augmentation, je suis prêt à y consentir pour ne pas me séparer de vous.... »

Il était trop tard, et je le lui fis comprendre avec politesse.

« Mais qu'allez-vous faire? » me demanda-t-il.

Et quand je lui eus confié le projet que j'avais d'écrire l'histoire de la guerre de la succession d'Espagne (1832-1837) et de concourir pour le prix que devait décerner l'Académie, il me fit entendre assez clairement que ce sujet était au-dessus de mes forces. Mais je ne me décourageai pas, et il daigna m'offrir sa protection. « Dans tous les cas, dit-il, si vous voulez me montrer d'avance votre manuscrit dès qu'il sera terminé, il est des coupures que je pourrai sans doute vous indiquer, des longueurs que nous abrégerons ensemble. Le conseil d'un ami n'est jamais à dédaigner. »

Je fus assez touché de ces dernières paroles, que je devais croire sincères et que je n'attendais pas.

Quatre mois plus tard, toutes mes notes étant prises (depuis deux ans j'avais préparé ce grand travail), mon livre étant déjà ébauché, mon plan et mes conclusions étant terminés, je portai le tout chez M. Plotin, qui le garda dans son cabinet, sous divers prétextes, pendant trois semaines. Enfin, il me le rendit sur ma demande.

« Ce n'est pas mauvais, dit-il en me remettant le manuscrit, et je suis persuadé que le public en sera content. J'ai écrit moi-même depuis longtemps une courte esquisse de cette guerre, dont quelques traits ne diffèrent pas beaucoup de vos propres idées.... Vous verrez cela avant peu »

Cette nouvelle, donnée d'un air négligent et protecteur, me fit trembler pour mon œuvre. Je ne doutai plus d'avoir été victime d'une indigne supercherie. Cependant, avant d'éclater, je voulus lire ce qu'il avait écrit lui-même.

Hélas! je fus bientôt satisfait. Trois jours après, j'eus la douleur de lire dans une grande Revue un article de quarante-cinq pages, signé Plotin, dans lequel ce grand homme avait daigné résumer en style cicéronien le manuscrit de son malheureux secrétaire. Le fruit de mes veilles était perdu. J'étais assassiné.

En lisant ce funeste article, je me sentais pâlir et défaillir. J'achetai un exemplaire de la Revue et je l'apportai à Laure. Elle lut l'article en silence et se jeta dans mes bras pendant que j'étouffais de colère et de désespoir. Je la serrai sur mon cœur avec transport et je me sentis près de pleurer.

« Eh bien ! dit-elle enfin, car mon silence l'inquiétait, que penses-tu faire ?

— Je vais aller chez ce misérable, le prendre à la gorge et le forcer d'avouer sa honte en public. »

Elle secoua la tête.

« Il n'avouera rien. On ne se déshonore pas soi-même. Il faut publier sa tromperie. Le public sera juge entre vous. »

Je sortis, toujours muni de mon exemplaire de la *Revue*, et j'allai sonner à la porte de M. Plotin.

Mais dès que j'eus passé la porte cochère, le portier, qui me connaissait, vint à moi :

« M. Plotin est parti avant-hier.

— Pour quel pays ?

— Il ne me l'a pas dit ; mais il doit demeurer trois mois en route. Je crois que monsieur est parti pour Constantinople, ou pour Pétersbourg.... Si monsieur avait quelque chose à faire dire à monsieur ?...

— Dites-lui, répliquai-je, qu'il est un cuistre.

— Je ne manquerai pas de le dire à monsieur aussitôt après son retour.... Monsieur n'aurait pas autre chose à faire dire à monsieur?... »

Le sang-froid de ce brave homme me fit rire et calma un peu ma colère. Cependant j'écrivis une lettre que je portai dans les bureaux de trois ou quatre journaux et où je racontais l'histoire de mon manuscrit. Je fus éconduit partout, et c'était bien fait. M. Plotin avait une réputation toute faite, et moi, j'avais à faire la mienne. C'était la lutte du pot de terre contre le pot de fer.

Le soir, je rentrai harassé, dégoûté de tout, ayant le travail en horreur et ne voulant même plus voir mon pauvre manuscrit.

« Il n'y a pas à hésiter, dit Laure. Il faut chercher un autre sujet et te mettre à l'œuvre tout de suite. Demain, tu iras voir M. Aubaret, pour qu'il te fasse nommer professeur au premier endroit venu.

Pour comble de malheur, le lendemain j'entendis vingt personnes se récrier sur l'admirable article que M. Plotin venait de publier dans la Revue ***. L'âge n'avait aucune prise sur ce génie toujours jeune et vigoureux.... C'était un de ces hommes admirables de la forte génération de 1830 qui.... et que.... s'il venait à mourir, personne ne pourrait jamais combler le vide que ferait une telle perte..., etc., etc. Vous connaissez la litanie pour l'avoir lue cent fois à propos de celui-là et de beaucoup d'autres.

Pendant ce temps je dévorais ma rage en silence, car personne n'aurait voulu me croire si j'avais dit la vérité.

« C'est à moi, pourtant, pensais-je, qu'on donnerait tous ces éloges si l'article était signé de moi comme il devait l'être, et non de M. Plotin.

J'avais tort. Le bon vin, quoi qu'en dise le proverbe, a besoin d'enseigne, et mon nom n'était pas une enseigne.

Enfin, je vis M. Aubaret, à qui je racontai mon aventure, et qui n'en fut pas étonné. Il connaissait à fond M. Plotin.

« Ce trait, dit il, est digne de lui. Et ne croyez pas que vous soyez pour cela dispensé de toute reconnaissance. Il racontera à tout l'univers et à vous-même les obligations que vous avez contractées envers lui. C'est lui qui vous aura nourri, élevé, instruit; c'est lui qui vous aura ouvert toutes les portes; et, tout couvert de ses bienfaits, vous n'y aurez répondu que par la plus noire ingratitude. C'est par de tels discours qu'il s'est fait cette réputation de philanthrope sublime qui le suit en tous lieux, et qui en fait le digne objet de l'admiration de tous les badauds..., Mais venons au fait. Vous voulez être professeur?

— Il le faut.

— Avez-vous la vocation?

— Qu'entendez-vous par là? Faut-il avoir une vocation spéciale pour enseigner le latin, le grec, l'histoire, la philosophie ou les équations algébriques, comme pour être prêtre ou soldat?

— Mon cher ami, dit M. Aubaret, si vous n'êtes pas patient comme l'âne, docile comme le chameau, doux comme le mouton, prudent

comme le serpent, couvert comme la tortue
d'un bouclier d'écaille, stoïcien comme Épictète, indifférent à la pauvreté comme Diogène,
sage comme Platon, pieux comme saint Augustin, robuste des poumons comme saint Christophe, ami des évêques comme Constantin le
Grand, soumis à la discipline comme un soldat
russe au knout, et savant comme Pic de la Mirandole, vous ne ferez jamais votre chemin
dans l'Université, et peut-être n'y resterez-vous
pas six mois. Songez qu'en arrivant il faudra
rendre visite au préfet, qui se soucie de vous
comme d'une carotte crue, mais qui serait indigné de ne pas recevoir votre carte ; à l'évêque
(s'il y a un évêque), qui vous recevra du haut
de sa grandeur, et vous sondera ensuite pour
savoir si vous êtes vraiment orthodoxe. Si vous
ne l'êtes pas, comptez sur lui et sur l'immense
armée de dévotes dont il dispose ; vous n'aurez pas un moment de repos. Dix bonnes femmes qui ne vous connaissent guère et que vous
ne connaîtrez pas du tout seront occupées à
surveiller toutes vos actions, à commenter
toutes vos paroles, à épier votre maintien à

l'église si vous allez à la messe, et à vous dénoncer si vous n'y allez pas. Pour leur peine elles auront le paradis, du moins elles y comptent. Ne parlez jamais aux officiers de la garnison. Vos mœurs en deviendraient suspectes, et ce qui est permis à un militaire fait destituer un professeur. Ne rentrez pas chez vous après le coucher du soleil, on se demanderait d'où vous venez, et la réponse ne vous serait jamais favorable. Si vous êtes invité quelque part, remerciez et refusez, à moins que ce ne soit chez un fonctionnaire ou chez un ami du préfet. Un professeur ne doit jamais faire visite à un orléaniste, rarement à un légitimiste; mais le comble de l'horreur serait de voir un républicain. Gardez-vous de celui-ci comme de la peste. Rendez le salut de loin, dans la rue, mais ne lui serrez jamais la main en public. Dans la plupart des petites villes le nom de républicain est très-mal porté. Il indique en général de petites gens qui vivent de leur travail, ou des gens turbulents, socialistes, honnêtes gens à la vérité et dignes de respect, mais, au dire des imbéciles, disciples de Robespierre, émules de Marat, qui n'aiment que les révolutions, les massacres, les incendies, la guillotine.... Dans un salon soyez modeste, dansez peu (c'est de mauvais ton) et seulement avec les laides, — celles que vous indiquera la maîtresse de la maison. Parlez peu ; un homme qui n'a pas vingt mille francs de rente n'a pas le droit de donner un avis, ni de s'adosser à la cheminée et d'écarter les pans de son habit pour se chauffer les mollets. C'est un plaisir réservé au maître de la maison, à l'évêque, au grand vicaire (en l'absence de monseigneur), au préfet, au général commandant le département, et, après eux, à tous les chefs de service. Le plus prudent serait de vous asseoir à une table de whist, et de perdre ou de gagner quarante sous par soirée. Grâce au silence que ce jeu exige vous ne pourrez jamais dire de sottise, et l'on ne pourra pas vous en attribuer. Mais, même au whist, il faut se garder de deux écueils : trop gagner ou trop perdre. Si vous gagnez, vous mécontenterez vos adversaires, qui sont ordinairement des gens influents dans le pays, ou des vieilles femmes dont le mari est haut placé et dont la langue est à craindre. Si vous perdez, votre partenaire pourra bien vous jeter les cartes à la tête et vous appeler imbécile, surtout si c'est une vieille comtesse, marquise, baronne, ou simplement une bourgeoise vivant noblement.... Ne vous tenez pas trop derrière les portes, comme font les gens timides ; on vous prendrait pour un meuble, et l'on ne se ferait pas scrupule de vous déplacer. Ne vous avancez pas hardiment, comme font les gens sûrs d'eux-mêmes et de leur situation dans le monde. Gardez soigneusement l'entre-deux. Si on parle politique, tenez-vous coi, et souriez d'un air fin et approbateur. Quelque chose qu'il vous arrive de dire, ne vous échauffez jamais ; cela étonnerait l'auditoire ; vous acquerriez la réputation d'un original ou d'un cerveau brûlé, et vous seriez perdu. Ne parlez pas de votre classe, on vous appellerait pédant et cuistre ; n'ayez pas d'esprit, on dirait que vous êtes léger et superficiel. En général, taisez-vous, c'est le seul moyen sûr d'éviter un malheur. Ou si l'on vous force de parler, ayez une bonne demi-douzaine d'axiomes dans le genre de ceux-ci : Que l'oisiveté est la mère de tous les vices, ou qu'un vice coûte plus cher à nourrir que deux enfants. On vous trouvera ennuyeux et pesant, mais solide, vous aurez de l'autorité. Ne soyez pas flatteur et rampant, vous seriez méprisé, mais laissez échapper devant témoins cette pensée audacieuse que M. le recteur est une des plus fortes têtes de l'Université, que M. le ministre de l'instruction publique en fait un cas tout particulier, et que vous avez entendu dire en haut lieu (chez M. Plotin, par exemple) qu'on lui destinait l'un des postes les plus élevés de l'État. Soyez sûr que cette audace ne déplaira pas. Ne dites jamais de mal de personne; médire est le plaisir favori de la province, — plaisir redoutable et qu'un professeur doit s'interdire à tout prix. Vivez en bonne intelligence avec vos collègues, mais ne soyez intime avec aucun d'eux, de peur de donner ombrage à vos chefs. Ne vivez pas seul non plus, car vous seriez encore plus suspect. Si le recteur vous invite à prendre du thé et que vous n'aimiez pas la tisane, faites un effort et gargarisez-vous d'un air aussi joyeux que si l'on vous offrait des truffes et du vin de Champagne. Pensez que votre père était plus mal à son aise le jour où il passa la Bérésina sur les talons du grand Napoléon.... Faites votre partie de loto avec les enfants; c'est une politesse qui ne peut pas nuire, et la mère au moins vous en saura gré.... N'oubliez rien.... Ne soyez pas trop assidu chez l'évêque, ce qui déplairait au recteur et peut-être au préfet,— ni chez le préfet, ce qui ennuierait peut-être la maîtresse de la maison. Surtout, mon ami, ne vous faites pas illusion sur votre état. Un professeur peut avoir du talent, du mérite, du caractère, de l'esprit; hors de Paris, il ne sera jamais qu'un fonctionnaire mal payé et révocable à volonté. En Allemagne, en Suisse, aux États-Unis, un professeur est tout ce qu'il veut être; en Angleterre, il est quelque chose; en France, il n'est rien. Il faut excepter Paris, le seul endroit du monde où l'on fasse plus d'attention à l'homme lui-même qu'au titre dont il est affublé.... Et maintenant, Gaston-Phœbus, voulez-vous encore être professeur?

— Plus que jamais. »

Je songeais avant tout à Laure et à mon mariage.

« Allons, dit Aubaret, le sort en est jeté. Je vais voir ce soir le directeur du personnel, qui est mon ancien camarade. Demain vous serez nommé, et vous pourrez partir après-demain. »

En effet, deux jours après, je recevais l'avis que Son Excellence M. le ministre de l'instruction publique et des cultes m'avait nommé professeur suppléant de rhétorique au lycée de Rochebaron. Je partis le soir même, pressé de prendre possession et de chercher un logement pour ma mère et pour Laure.

X

La semaine suivante, j'écrivais à Laure la lettre suivante que je viens de retrouver dans mes papiers. C'est un résumé très-exact de mes premières impressions universitaires.

« Rochebaron, 10 octobre 185..

« Chère bien-aimée que je voudrais toute ma vie adorer à genoux, j'espère que tu ne me sauras pas mauvais gré d'être demeuré huit jours, c'est-à-dire huit mille ans sans t'écrire. Par le court billet que notre mère a reçu de moi vous savez déjà toutes deux que mon voyage s'est fait sans accident, mais je ne puis pas dire qu'il ait été parfaitement heureux.

« Tu te rappelles la riante esquisse que M. Aubaret m'avait faite de la vie universitaire. Le souvenir de son discours me poursuivait en wagon et je me récitais mentalement à moi-même tous les avis qu'il m'avait prodigués à être respectueux pour l'évêque, le grand vicaire et tout le clergé, et dévoué au préfet et au gouvernement, plaire au recteur, ne point parler, ne point rire, ne pas jouer, ou si je joue, ne pas gagner, — mais ne pas perdre, — n'avoir pas d'esprit, n'être pas bête, etc.

« Pendant que je repassais cette litanie, j'entendis tout à coup dans le wagon un ronflement sonore qui partait d'un tas de couvertures. J'avais un voisin, et même, — autant que je pus en juger par sa tête qui sortait de ce tas coiffée d'une calotte de velours noir, — ce voisin était fort laid. Les yeux étaient gros et saillants, le front fuyant et étroit, la bouche énorme et lippue, le nez trop court, le menton carré et d'une longueur infinie, et l'intervalle entre le nez et la lèvre supérieure aussi long que le nez lui-même. Le tout soigneusement rasé et orné d'une physionomie de laquais devenu bedeau par protection. Tu verras bientôt pourquoi je te donne tous ces détails.

« Ajoute que je m'étais mis dans un wagon de première classe pour voyager plus à l'aise. Rien de tout ceci n'est indifférent.

« Vers Étampes, mon voisin s'éveilla, étendit les bras et les jambes, ouvrit, pour bâiller, une bouche formidable qui ressemblait à la gueule d'un four de boulanger, et me regarda d'un air curieux.

« Je ne sais pourquoi il eut envie de causer; mais je répondis si brièvement à ses premières questions, qu'il fut sur le point de se décourager; et plût au ciel que je n'eusse soufflé mot ce jour-là! Je n'aurais pas maintenant sur les bras le plus désagréable ennemi que puisse avoir un homme de ma profession. Mais la précaution même que je prenais pour l'éviter tourna contre moi.

« J'avais déposé à côté de moi cette petite

édition anglaise du *Don Juan* de Byron que tu connais et qui ne me quitte presque jamais. Byron, tu le sais, est un de mes poëtes favoris, non que j'aime ses cris de désespoir et cette ironie continuelle qui fait le fond de tous ses livres; mais parce que sa destinée a été l'une des plus brillantes et des plus malheureuses de ce siècle, parce qu'il était homme d'action aussi bien que poëte, et enfin, parce qu'il est mort pour une noble cause. Tant d'autres vivent, s'engraissent et crèveront sur un fumier de millions!

« Mon homme lut de loin avec son binocle le titre du livre et me demanda si j'étais Anglais, ou si je savais l'anglais et si j'avais voyagé en Angleterre. Puis passant de là à Byron lui-même, il déclara que c'était « un poëte de contrebande, un cœur corrompu, un homme sans tendresse, justement haï de tout le monde, séparé de sa femme et de sa fille, libertin, ruiné, perdu de dettes, etc. Tu connais la kyrielle des reproches légitimes et illégitimes que les imbéciles qui ne font jamais aucune faute parce qu'ils ne sentent, ne connaissent et n'imaginent rien, peuvent adresser à ce pauvre grand homme.

« Je laissai passer les premiers sans rien dire, car pourquoi mettre des bornes à l'éloquence d'un sot? Cependant ce flux de paroles m'était insupportable, et sur une dernière sottise plus grosse que les autres, je commençai à relever le gant et à soutenir que Byron n'était pas si blâmable, que ses contemporains les meilleurs ne valaient guère mieux que lui, que ses mœurs si décriées n'étaient pas pires que celles de beaucoup de gens austères qui l'avaient rejeté de leur société, et qu'après tout, s'il avait bien des vices, il n'avait pas du moins le vice capital de son temps et de sa nation, — c'est-à-dire l'hypocrisie. (Ah! maudite envie de pérorer et de répliquer, que tu vas me coûter cher!)

« Au mot d'hypocrisie mon homme se redressa et se rajusta d'un air roide, comme si j'avais eu dessein de lui faire une offense personnelle, et j'eus alors le loisir de voir que je venais de parler à un chevalier de la Légion d'honneur. Cependant je ne m'inquiétai pas beaucoup de cet accident ni du silence qui suivit, — du moins jusqu'à la station de Rochebaron, c'est-à-dire environ quatre-vingts lieues plus loin, où nous quittâmes le train en même temps.

« Comme je cherchais un omnibus pour y mettre mes bagages et aller à l'hôtel des *Trois-Couronnes*, un monsieur qui paraissait attendre quelqu'un à l'embarcadère, s'avança vers mon interlocuteur de l'air du plus grand respect et le salua profondément.

« Par ce salut et par le dialogue qui suivit, j'appris que je venais d'avoir l'honneur de voyager avec monsieur le recteur du département de la Basse-Sigoule, dont Rochebaron est le chef-lieu, de sorte que je venais de commettre, avant même d'entrer en fonctions, l'une des fautes capitales que M. Aubaret m'avait tant recommandé d'éviter : j'avais contredit mon chef immédiat, et sa physionomie batracienne ne me permettait pas de douter qu'il en garderait un long souvenir. Avoue, ma chère Laure, que j'ai du malheur!

« Cependant, comme après tout, si mon

avancement dépend de lui, ma vie du moins n'est pas à sa merci ; comme tu m'aimes, comme je t'adore, comme tous les chocs extérieurs ne pourront rien sur moi tant que je serai entre toi et ma mère, je pris tout de suite mon parti de ce contre-temps, et j'allai droit à l'hôtel avec mes bagages, non sans qu'il eût regardé mon nom, qui était écrit en grosses lettres sur le couvercle de ma malle. Je vis que j'étais reconnu, mais je me promis bien d'éviter désormais sa rencontre.

« Je ne ferai pas la description de Rochebaron ; tu le verras dans trois jours, car j'ai trouvé déjà un logement. C'est une assez jolie ville, perchée sur une colline qui est entourée de trois côtés par la Sigoule, petite rivière très-calme, très-profonde, presque immobile et semblable à un étang. L'extrémité de la colline est occupée par un grand jardin public, planté de massifs et de charmilles, qu'on appelle Cressy, du nom de l'intendant qui le fit planter au siècle dernier.

« La cathédrale (tu sais mon faible pour les vieilles cathédrales) date au moins du dixième siècle. Elle est bâtie au sommet de la colline, sur le bord d'un précipice à pic, au fond duquel dort la Sigoule. Du sommet des tours, on découvre tout le pays à dix lieues à la ronde, excepté d'un seul côté où la vue est bornée par une petite chaîne de montagnes détachées des Cévennes et s'avançant au midi dans la plaine. Je me promis bien d'y revenir, mais pour ce soir-là il fallait rentrer à l'hôtel des *Trois-Couronnes* et dîner.

« J'étais seul avec un des habitués de la table d'hôte, car l'heure du dîner était passée pour tout le monde, excepté pour lui et pour moi. Nous avions tous deux fort grand appétit, et les petits services qu'on se rend à table nous délièrent promptement la langue. Mon voisin était d'humeur causeuse et me paraissait bon vivant. Il était grand, bien fait, avait des favoris et des lunettes, — en tout la physionomie d'un Anglais, mais d'un Anglais bon enfant et jovial, ce qui n'est pas aussi rare qu'on le croit en France.

« Au bout d'un moment :

« — Vous êtes le professeur suppléant de

troisième? » me demanda-t-il sans préambule.

« J'étais un peu étonné de sa sagacité et mes yeux en disaient quelque chose.

« — Bon! continua-t-il, vous me croyez plus sorcier que je ne suis. J'ai vu votre carte sur la malle que déchargeait tout à l'heure le garçon de l'hôtel.... Pour vous mettre à l'aise tout de suite, je suis, moi, le professeur d'histoire.... Mon nom est Martyn.... Vous venez d'arriver?

« — Comme vous voyez.

« — Moi, je suis un ancien. Voilà sept ans qu'on m'a placé là.... Je venais d'Avignon. J'étais en disgrâce pour n'avoir pas salué le proviseur d'un bout à l'autre de la place où il se promenait après dîner.... Cette leçon m'a servi.... Ici, je salue tout le monde (je veux dire les autorités) à plus d'un kilomètre. Je dépose ma carte tous les huit jours chez tous ceux qui peuvent faire un rapport sur ma conduite (le commissaire de police y compris), et je vis très-tranquille et très-heureux. A quoi sert de se faire de la bile? Ces braves gens veulent être salués jusqu'à terre, ils en ont le droit puisqu'ils peuvent nous faire destituer.

« — Êtes-vous marié ? »

« Il se mit à rire.

« — C'est parce que je suis philosophe que vous me croyez marié, dit-il. Eh bien, oui, je le suis, et depuis six ans. Le métier serait trop dur sans cela.... Quand je suis venu ici, je me rongeais les poings de fureur en me voyant disgracié. Peu à peu cette fureur s'est calmée. Je logeais chez mon épicier, en garni. Insensiblement, j'ai fait connaissance avec lui. C'est un brave homme, tout rond, sans malice, qui entend les affaires à merveille et qui a gagné des cent et des mille dans le commerce des vins. Sa femme est grosse, grasse et bien portante comme lui; or, vous savez que la santé entretient la gaieté. Un soir, comme je rentrais paisiblement et ennuyeusement dans ma chambre garnie, au second étage, je rencontrai sa fille aînée dans l'escalier et je m'aperçus qu'elle était fort jolie et aussi bien portante que sa mère.

« Trois jours après, l'épicier m'arrêta au bas

de l'escalier pour me faire goûter d'un vin de
Bergerac qu'il avait depuis quinze ans dans sa
cave et qui était, me dit-il, un vrai velours.
Je me laissai faire bien volontiers, comme
vous pensez; je soupai avec eux. J'ai une belle
voix, je chantai au dessert deux ou trois chansons du vieux temps; je plus au père, à la
mère, à la fille; je jouai sept ou huit parties
de loto, je racontai des histoires, je fis si bien
qu'à minuit, lorsque je voulus sortir, on me
retenait en disant : « Déjà ! » Jugez par là de
mon succès, car des gens qui se lèvent à cinq
heures du matin ne se sont peut-être pas couchés trois fois dans leur vie à minuit passé.
On m'invita de nouveau ; je revins; Rosalie me
plaisait beaucoup, tout le monde paraissait
heureux de me voir; j'étais là comme un coq
en pâte, aimé pour mes chansons, considéré
pour ma science, chéri des parents et même
de la petite sœur, et, je puis le dire, aimé pour
moi-même, car tout le monde savait que je
n'ai pas un centime de patrimoine. Enfin, je
ne sais ce que Rosalie dit à son père, mais le
bonhomme un jour me prit à part et me dit :

« Monsieur Martyn, vous êtes un bon enfant, vous me plaisez, vous plaisez à ma femme, vous plaisez à.... à tout le monde, enfin. J'ai six cent mille francs et mon commerce; voulez-vous épouser Rosalie? « Je ne fus pas trop surpris de la proposition, car déjà quelques demi-mots de la mère m'avaient mis sur la voie, et je protestai que je serais enchanté d'épouser Rosalie. « Mais, dis-je, y consentira-t-elle? — Bon! répliqua le père, c'est mon affaire. » Effectivement, je crois qu'il avait pris ses précautions et qu'il savait d'avance à quoi s'en tenir; je me suis marié, et je suis très-heureux, j'ai deux enfants qui sont beaux comme leur mère et qui crient du matin au soir; j'attends sans impatience le moment où mon beau-père me cédera son commerce (ce qui ne saurait tarder, car il devient pesant); je suis déjà riche, au moins pour un professeur; ma femme n'a qu'une sœur, de sorte que le partage sera facile; je ne me soucie de rien, je garde mon métier par égard pour mon beau-père, qui tient à voir dans la plume quelqu'un de la famille, mais je ne crains pas d'être destitué, et si je me sentais près de l'être je jetterais le froc aux orties. On le sait bien, et sauf quelques marques de politesse banale qui ne me coûtent rien, on me laisse tranquille.

« — Ma foi ! lui dis-je à mon tour, je ne suis pas aussi heureux, car j'ai eu le talent de déplaire à mon recteur avant de le connaître. »

« En même temps je lui racontai ma conversation.

« — Diable ! dit-il, vous n'avez pas de chance. Percepied est fort susceptible et encore plus rancunier. Il se souviendra trente ans d'avoir été contredit.

« — Comment l'appelez-vous ?

« — Percepied, ou si vous voulez, M. de Percepied. Il a ajouté le *de* à son nom pour faire oublier son père, qui était suisse de la cathédrale de Rochebaron, et que ses compatriotes, par une allusion gracieuse à ses fonctions dans l'église, avaient surnommé Percepied Chasse-Chien. Le fils du suisse, mis de bonne heure dans les mains ecclésiastiques, a été élevé au petit séminaire, et s'est toujours fait remarquer par une piété édifiante. C'est, je crois, son plus grand mérite, car on le soupçonne de n'être pas même bachelier. C'est peut-être une calomnie. Dans tous les cas, il chante fort bien au lutrin ; je le sais *de auditu*, moi qui vous parle. Jusqu'en 1848, le pauvre Percepied, malgré les protecteurs puissants qui s'étaient chargés de sa fortune, n'avait pas fait beaucoup de chemin dans l'Université. En revanche, il avait trouvé moyen de s'introduire chez une veuve dévote et riche qui fréquentait la noblesse de Rochebaron, et dont le défunt mari a vendu du calicot à tout le département. Cette veuve avait une fille fort jolie, dévote comme sa mère, riche de l'héritage paternel et élevée dans l'opinion que Dieu même n'a pas d'autre organe que la voix de M. le curé. Percepied, qui est un pied-plat, sut obtenir que Mgr l'évêque daignât le désigner pour gendre à la veuve. De la main de Sa Grandeur tout devait être bien accueilli. La fille fit quelque résistance. Percepied n'est pas beau, comme vous savez, et l'on assure qu'il jouit de la propriété du calife Walid, qui faisait, au dire d'Aboulféda, bien des victimes parmi les mouches. Je ne puis pas vous garantir ce fait, étant trop respectueux pour ne pas me tenir toujours à distance. Enfin le mariage se fit, et la pauvre Mme Percepied est au pouvoir du plus désagréable mari de Rochebaron. Pédant, dévot et jaloux, à l'intérieur voilà le personnage. Du reste, assidu chez l'évêque, qui le recommanda en 1849 à M. de Falloux, et le fit nommer recteur, de sous-principal qu'il était au collége de Tarnac. Il a bien gagné son grade. Plus de cent cinquante instituteurs primaires qui déplaisaient au clergé ont été destitués ou disgraciés et réduits (pauvres gens, déjà si mal payés !) à la plus cruelle misère. Plusieurs fois même l'évêque, touché du sort de quelqu'un d'eux, a mis des bornes au zèle de Percepied et intercédé en leur faveur.

« — Le portrait n'est pas flatté.

« — Ma foi, dit Martyn, vous arrivez, vous êtes jeune, vous ne connaissez pas le terrain; je vous montre les piéges à loup où il ne faut pas mettre le pied. Pour moi, je ne crains rien, étant riche et n'ayant plus besoin du métier. »

« A ces mots il se leva et m'offrit un cigare.

« — Venez faire un tour de promenade avec moi, dit-il, je vous montrerai la ville, nous vous chercherons un logement, et nous finirons la soirée chez moi. Je suis seul ce soir. Ma femme, mes enfants et toute la famille sont allés faire les vendanges dans une ferme que mon beau-père possède à trois lieues d'ici. C'est pour cela que depuis deux jours je dîne à l'hôtel, comme un commis voyageur.

« Mon nouvel ami me plaisait assez, quoique un peu bavard et médisant. Il me donna sur le censeur, le proviseur et tous les professeurs du lycée tous les détails imaginables. Celui-ci était bon enfant et facile à vivre; celui-là aimait passionnément les calembours; le troisième s'occupait de photographie à ses moments perdus, et faisait, bon gré mal gré, le portrait de tous ses confrères; le quatrième avait une jolie femme; le cinquième aimait par-dessus tout le jeu de dominos. Cependant je remarquai avec plaisir que, le recteur seul excepté, Martyn n'avait dit de mal de personne.

« — Nous vivons entre nous, ajouta-t-il, pour éviter les discours des philistins, et nous n'avons jamais eu sujet de nous en repentir. Notre société est encore, et de beaucoup, la plus agréable de la ville. Excepté les calembours qu'on enfile malheureusement par douzaines comme les grains d'un chapelet, il n'y a vraiment aucun reproche sérieux à nous faire. Chacun à son tour achète les livres nouveaux et les prête à ses voisins. Nous avons trois ou quatre journaux — ceux du gouvernement bien entendu ; quant aux autres, un de nos amis, qui est républicain quoique abbé (ce qui vous étonnera sans doute), les fait venir et nous les donne. Nous savons tout ce qui se fait, tout ce qui se dit et tout ce qui se médite à Paris, et personne ne s'occupe de nous. La règle principale de notre société, c'est qu'aucune parole ou opinion de l'un de ses membres ne doit être connue en public, vu la surveillance ombrageuse des autorités, et il n'y a pas d'exemple que cette règle salutaire ait été violée. Si elle l'était jamais, l'indiscret serait mis en quarantaine perpétuelle. Une fois ou deux, le recteur et le proviseur ayant eu vent de nos conciliabules ont voulu y être admis. On les a laissé entrer, mais tout le monde a joué au whist avec acharnement, ou gardé le silence, ou parlé à voix basse. Après une heure de séance, ils ont été forcés de déguerpir. C'est bien le moins qu'un professeur puisse prétendre, de causer quelquefois librement après dîner, entre amis, loin de sa classe et loin de ses chefs. Dès demain, si vous voulez, je vous présenterai, et vous serez tout de suite accueilli comme un ancien. »

« Je le remerciai cordialement de son offre, dont j'ai profité le lendemain, de sorte qu'aujourd'hui je suis un membre — distingué, j'ose le dire, — du club des *Bouches-Closes*. (C'est le nom qu'ils se sont donné). Mon nouvel ami Martyn me fit l'honneur inusité d'un punch.

« Tu vois, ma chère Laure, comment je passe le temps ici. Mon récit est un peu long, mais je sais que tu veux tout connaître, et je ne te fais grâce de rien. Venons maintenant aux choses sérieuses et désagréables.

« Dès le lendemain de mon arrivée, j'allai me promener devant la porte du lycée de Rochebaron. Ah! quelle prison affreuse! La porte cochère, fermée de cinq verrous, munie d'un judas, semée de clous, et plus pesante que les portes de la fameuse ville de Gaza, me fit frémir d'épouvante. C'est donc là qu'on enferme de malheureux enfants, loin de leurs mères et loin des champs et des forêts, pour leur enseigner non des idées ou même des faits, mais les règles grammaticales de deux langues, qu'on ne parle ni en Orient, ni en Occident, ni au Nord ni au Sud, et qui ne peuvent leur servir à rien, si ce n'est à remplir de tristesse et d'ennui les plus belles années de leur vie!

« Je fus si frappé de cette réflexion tardive, que je ne voulus pas entrer au lycée ce jour-là, et j'allai faire ma visite au recteur, le célèbre et redoutable Percepied, dont Martyn m'avait conté l'histoire. Le monstre était absent, ce qui me fit grand plaisir. Je déposai joyeusement ma carte et je m'enfuis. Deux jours après, même visite, même absence et même cérémonie. Je me réjouissais déjà de cette heureuse aventure et je pensais avoir rempli tous mes devoirs envers mon chef, lorsque hier au soir, en entrant au lycée pour faire ma classe, j'ai reçu tout ouvert et sans cachet le laconique billet que voici :

« Aussitôt après la classe, M. Cahorzac *se* « *rendra* au bureau de l'Académie. M. le rec- « teur veut lui parler. »

« Point de signature. Le timbre de l'Académie, voilà tout. D'un recteur à un professeur, la distance est apparemment trop grande (suivant l'opinion de Percepied) pour qu'il soit nécessaire de faire les moindres frais de politesse. La formule : « se rendra, » me parut exquise, — surtout venant d'un homme à qui j'avais déjà fait deux visites inutiles. Cependant j'obéis. Après tout, que m'importe? Pourvu que je vive entre ma mère et toi, le reste m'est bien égal. La terre peut changer de route, se heurter contre Jupiter et Saturne, et se briser en mille éclats; je plaindrai assurément le sort de mes infortunés compatriotes;

mais si je puis trouver un asile avec vous deux sur un de ses éclats dispersés dans l'espace, si je puis vivre à tes genoux toute l'éternité, je me soucie de la terre, de la mer, de la lune et du soleil comme d'une épingle de cuivre. Suis-je homme à me troubler de la grossièreté d'un Percepied?

« Quant à lui, je ne doute pas qu'il n'eût préparé de loin sa harangue et cru produire un grand effet sur moi. Lorsque j'entrai, il ne daigna pas se retourner, bien qu'un garçon de salle m'eût annoncé par mon nom.

« Il était assis dans son fauteuil, le dos tourné à la porte où j'étais entré et par conséquent à moi, et il écrivait ou feignait d'écrire. Près de lui un prodigieux amas de paperasses. De minute en minute, il signait quelque chose, presque sans lire et s'interrompait pour me faire une question, mais il n'attendait pas la réponse.

« Après un assez long silence, il me dit sans me regarder ni daigner m'offrir une chaise ou remarquer que j'étais debout :

« C'est vous qui êtes M. Cahorzac? »

« Avant de répondre, j'allai chercher un fauteuil, je me mis à trois pas de lui, je m'assis modestement mais commodément, et je dis :

« — Oui, monsieur le recteur. »

« Il avait fort bien remarqué que je m'assayais sans y être invité, et je vis qu'il en était surpris. Cependant il continua ses questions en se retournant à demi et me regardant par-dessus l'épaule :

« — Monsieur, pourquoi n'ai-je pas encore reçu votre visite ? »

« Toi qui es si bonne musicienne, tu sais qu'on peut chanter la même phrase et le même air de mille manières différentes, et tu t'es amusée souvent à nous donner ce plaisir. Tu ne seras donc pas étonnée d'apprendre que M. Percepied me fit cette question du ton qu'un roi nègre peut prendre avec le plus misérable de ses esclaves. Mais comme j'étais bien résolu à ne me fâcher et à ne m'émouvoir de rien, je répondis que j'avais eu deux fois l'honneur de déposer ma carte chez M. le recteur.

« — Vous devez savoir, continua Percepied,

que le domicile du recteur est à l'Académie, dans mon bureau. Je n'ai que faire de vous voir dans ma maison. »

« Je répliquai du ton le plus respectueux que j'aurais soin désormais de me conformer aux avis de M. le recteur.

« Puis, comme il ne disait plus rien et paraissait absorbé par les soins de ses parafes, je me levai tranquillement et je me dirigeai vers la porte.

« — Où allez-vous maintenant? » demanda-t-il d'un ton encore plus brusque.

« Je répondis modestement que j'avais cru qu'il ne lui restait plus rien à dire, et que je me retirais de peur de le déranger.

« Vous ne me dérangez pas du tout, dit cet ours mal léché. Revenez ici. J'ai à vous parler. On se plaint déjà de vous, monsieur.... Vous donnez le mauvais exemple.... Vous fumez des cigares en public.... Vous allez au café.... ne niez pas, monsieur, puisque vous avez tant d'horreur pour l'hypocrisie....

« (Ah! comme je maudissais alors la fatale envie que j'avais eue de pérorer en wagon!)

« .... Enfin vous enseignez à vos élèves des choses séditieuses.... Vous avez dit publiquement dans votre classe, que le livre de Tacite vengeait l'humanité opprimée par les tyrans.... Qu'entendez-vous par là, monsieur? Allez-vous faire un cours de socialisme aux élèves de troisième ?... N'est-ce pas assez qu'on ait gardé le sot usage de leur parler de Brutus, de Caton et de Caïus Gracchus? Allez-vous leur proposer de tels insensés pour exemple?... Répondez, monsieur.... »

« Je me souvins alors des sages avis de mon ami M. Aubaret, et je me gardai bien de contredire Percepied. Je ne pouvais pas nier le fait principal, à savoir que j'avais fumé un cigare à neuf heures du soir avec mon ami Martyn, et que j'avais fait l'éloge de Tacite en classe.

« Enfin, comme il vit que je m'obstinais à ne pas répliquer, il me dit :

« — J'aurai l'œil sur vous, monsieur.... Je ne souffrirai pas qu'on répande dans ces jeunes âmes le venin des mauvaises doctrines.... Avant tout, l'Université doit prêcher l'ordre, l'obéissance au pouvoir établi, le respect de la religion, et rétablir les saines traditions de l'autorité qui ont donné à la France les deux règnes immortels de Louis XIV et de Napoléon.... S'il en est besoin, je n'hésiterai pas à frapper.... Je le répète, monsieur, tenez-vous sur vos gardes, j'aurai l'œil sur vous.

« (Effectivement, il faut que sa police soit bien faite pour qu'on ait remarqué, à neuf heures du soir, le seul cigare que j'aie fumé de ma vie, car tu sais que le tabac ne compte point parmi mes vices, si je suis vicieux.)

« Ainsi averti, je ne jugeai pas à propos d'en entendre davantage, et je pris congé de mon Percepied, qui me rendit à peine mon salut et ne daigna pas se lever pour moi.

« Comme tu vois, chère Laure, mes débuts ne sont pas heureux. Cependant mes confrères et mes élèves me font bonne mine; le métier m'ennuie beaucoup moins que je ne l'aurais cru, le pays est encore très-beau et sera délicieux au printemps; la vie est à bon marché, les habitants paraissent plus soucieux de bien vivre que de tourmenter leur prochain; enfin, excepté le bonheur de te voir, il ne me manque rien ; mais quand je ne te vois pas, terre et ciel, tout est vide et désolé.

« Heureusement, j'ai trouvé un nid charmant que je vous destine, une petite maison à deux étages, ravissante dans sa simplicité. A la suite de la maison et dans la même rue, un jardin délicieux où maman pourra contenter son envie de semer le géranium et l'héliotrope, la rose et la verveine. La moitié du jardin est une prairie en miniature; l'autre moitié appartient aux fleurs et aux légumes. Au fond est un petit cabinet couvert de plantes grimpantes, de convolvulus, d'azaléas, de glycine, etc. Le jardin et la maison donnent d'un côté sur la rue, de l'autre sur la vallée de la Sigoule, qui est à trois cents pieds au-dessous.

« La maison, presque neuve, a été bâtie par le propriétaire actuel, M. de Boréas, un beau vieillard, plein d'esprit, fort riche et assez original, dit-on, qui comptait l'habiter. Je ne sais pourquoi il y a renoncé. Il a du reste une autre maison à l'extrémité de la ville, et il y demeure.

« Dès les premiers mots nous avons été d'accord. La maison est à bon marché, — trois cents francs par an. C'est pour rien, mais les logements ne coûtent pas cher à Rochebaron, qui se dépeuple tous les jours comme toutes les villes sans industrie.

« M. de Boréas, qui comprend mon impatience de vous revoir, m'envoie à l'instant même des ouvriers pour réparer le mur du jardin qui s'est à demi écroulé en quelques endroits; mais la maison est libre et vous attend.

« Adieu, chère âme, la pensée de te revoir me donne la fièvre. Je compte les jours et les heures. Adieu! Adieu!

« GASTON-PHŒBUS. »

Triste et doux souvenir de mon bonheur passé! Voilà donc la première lettre que j'aie écrite à Laure! Voici sa réponse :

« Cher ami, maman se porte bien. Elle

achète force vaisselle. Elle vient de mettre la main sur un Palissy qui manquait à sa collection. Ton Percepied est un malhonnête. Moi, je t'aime.

« Laure. »

« P. S. Nos caisses vont partir après-demain par le chemin de fer, et nous, un quart d'heure après. Les habitants de Rochebaron, qui seraient tentés de venir nous recevoir, nous trouveront à la station, le soir vers six heures quinze minutes.

« Maman est enchantée. Elle a reçu hier des nouvelles d'Henriette. Les dollars pleuvent dans l'escarcelle de Caïus. M. Séméi Burton fait des affaires d'or. Maman se propose déjà de chercher aux environs de Rochebaron un château à vendre. Depuis hier elle consulte les *Petites Affiches* et lit d'un bout à l'autre la quatrième page des journaux. Pour arrêter son zèle, j'ai suggéré l'idée que Caïus voudrait peut-être acheter une terre en Poméranie. — « Pourquoi faire? pour engraisser les oies! Je l'en empêcherai bien! a répliqué maman indignée. Encore si c'était le bord du golfe de Sorrente, à l'ombre des palmiers et des orangers! » Gaston-Phœbus, mon ami, regardez ce carré vide que je dessine à la plume au bas de ma lettre, et devinez ce que j'y mets, et pour qui. »

XI

Deux jours après cette lettre, ma mère et Laure arrivèrent à Rochebaron. Avec quelle joie je les reçus, vous le savez si vous avez aimé. Je les attendais deux heures d'avance à la gare; j'avais fait arranger à la hâte dans mon nouveau logement deux lits que m'avait provisoirement prêtés le propriétaire de l'hôtel des *Trois-Couronnes*, et la veille même j'avais refusé d'accepter une invitation à dîner de M. Boréas, mon propriétaire, m'excusant sur ce que j'attendais ma mère et ma sœur. Car j'avais la précaution d'annoncer partout Laure comme ma sœur. C'était une idée de ma mère, idée funeste, mais dont nous n'avions pas prévu les conséquences!

On est fort cancanier en province, disait ma mère; si l'on apprend qu'un professeur habite avec sa mère et une jeune fille qui n'est pas sa sœur, on fera mille sots discours dont nous serons tous trois extrêmement ennuyés. Appelle hardiment Laure ta sœur; il sera toujours temps de l'appeler ta femme, lorsqu'on vous mariera. D'ailleurs, nous ne voulons pas moisir longtemps à Rochebaron. Ce qu'il faut à Gaston-Phœbus, c'est un traitement assuré et le temps de se faire connaître par quelque grand ouvrage, après quoi nous replierons bagage et nous reviendrons à Paris pour nous marier et y passer l'éternité.

Laure approuva ces raisons, et comme je ne savais résister ni à l'une ni à l'autre, je cédai d'assez bonne grâce. Après tout, l'essentiel était de ne pas quitter Laure, et puisqu'on m'accordait ce point je n'osais pas me montrer difficile sur le reste.

M. de Boréas ne s'étonna pas de mon refus et l'attribua tout entier à l'excès de mon amour filial et fraternel. Il n'en fut pas moins cordial pour moi, ce qui était fort méritoire de sa part, car il ne prodiguait pas son amitié. C'était un grand vieillard de quatre-vingts ans passés, droit et vert comme s'il n'en avait eu que soixante, d'une figure noble et sévère, mais aimable et souriante au besoin, bon convive, homme du monde, plus instruit que la plupart de ses compatriotes, et quoiqu'il eût vu beaucoup d'hommes et de pays, n'ayant pas moins acquis par les livres que par l'expérience.

Il était très-jeune et déjà officier de marine en 1790, au moment de l'émigration. Comme la plupart de ses camarades, il quitta la France et vécut deux ou trois ans en Allemagne, mal accueilli par les étrangers, et regrettant la patrie. Vers 1795, ne pouvant plus supporter l'exil et la misère, il se procura un faux passe-port, se cacha quelque temps à Paris, et obtint par la protection de Barras d'être rayé de la liste des émigrés. Mais ses biens avaient été confisqués et vendus au profit de la nation. Comme il était connu de l'amiral Latouche-Tréville, il se fit recommander à un armateur de Bordeaux qui lui confia le commandement d'un brick de guerre, et il fit comme corsaire la guerre aux Anglais jusqu'en 1801.

Ses succès dans cette carrière nouvelle furent tels qu'il changea son brick pour une frégate de 60 canons, racheta ses terres avec sa part de prises et se trouva beaucoup plus riche qu'avant la Révolution. En 1803, après la rupture de la paix d'Amiens, Boréas redevint corsaire, mais toutes les mers étant couvertes de vaisseaux de guerre anglais il eut grand'peine à leur échapper, et après avoir fait quelques prises assez considérables, il se vit forcé de se faire planteur dans l'île de Java, ne sachant par quelle route retourner sûrement en Europe. En 1814, la mer redevint libre, et Boréas revint à Rochebaron avec sa femme et ses enfants, car il s'était marié aux environs de Batavia, avec la fille d'un Hollandais. Malheureusement, sa femme et ses enfants moururent après quelques années, ne pouvant pas supporter le climat de la France, et il resta seul à Rochebaron, où il tenait un grand train de maison, et passait pour le chef du parti légitimiste.

Au fond, il ne se souciait ni de légitimité ni d'aucun parti politique, ayant contracté dans ses voyages le goût de l'indépendance. En 1830, il était député, et donna sa démission pour ne pas prêter serment à Louis-Philippe. Ses amis le félicitèrent d'être resté fidèle à Charles X. Mais le vieux Boréas se moqua d'eux : « Je ne fais pas plus de cas de l'un que de l'autre, dit-il, mais je m'ennuie de prêter serment à tout le monde. Je ne me pique pas d'être homme d'État, mais de tenir ma parole, même quand je l'aurais donnée sans réflexion. »

Il fallut se contenter de cette réponse, car il ne voulut jamais protester autrement de son dévouement au roi déchu. Du reste, les légitimistes, fiers de pouvoir le compter au nombre des leurs, lui pardonnaient toutes ses boutades, et il était d'un commun accord, par sa fortune et son caractère, le personnage le plus considérable du département. D'autant plus généreux d'ailleurs et prodigue de son argent qu'il n'avait pas d'héritiers directs, il avait contribué pour une large part à la fondation du lycée, de la bibliothèque publique, de la ferme-école de Rochebaron et de plusieurs autres établissements utiles.

Un trait remarquable de son caractère, c'est qu'il avait gardé dans sa vieillesse toutes les opinions voltairiennes qui étaient en faveur avant la Révolution. Aussi, bien qu'il fût en bons termes avec tout le clergé de Rochebaron, on ne voyait jamais de prêtres chez lui, excepté l'évêque; encore Boréas le voyait assez rarement; mais grâce à ses libéralités, le clergé n'osait pas se brouiller avec lui, et comptait d'ailleurs le convertir à l'heure de sa mort.

Sa maison était un terrain neutre où il donnait à tout le monde la plus large hospitalité. Le préfet venait souvent chez lui, mais il n'allait jamais à la préfecture, alléguant son âge et ses infirmités; et cependant on le voyait monter à cheval tous les matins et se promener deux heures avant le déjeuner, et deux heures le soir avant le dîner. Ses chevaux étaient admirables de vigueur et de beauté ; mais il n'allait jamais aux courses et ne faisait jamais *courir*.

« Nos pères, disait-il, étaient sans doute d'aussi bons cavaliers que nous, et cependant ils ne faisaient pas courir leurs domestiques pour attraper quelques milliers de francs au gouvernement ou au public. Se faire payer pour planter son domestique sur un bidet maigre en l'appelant jockey, et parier de gagner le *Derby*, ou le *Handicap*, ou n'importe quoi, c'est une ânerie que nos pères, gens d'esprit avant tout, auraient eu honte de commettre. »

Le hasard plus qu'aucune autre chose avait contribué à me lier avec M. de Boréas. Deux jours après mon arrivée à Rochebaron, pendant que je faisais des recherches sur les guerres de religion en Europe depuis le onzième siècle (c'était le sujet du nouveau livre que je voulais écrire), je feuilletai un vieux poëme de la guerre des Albigeois où Raymond de Boréas « noble homme de Rochebaron et vicomte d'Aigueperse, » avait joué un très-grand rôle.

Le lendemain, au moment où M. de Boréas discutait avec moi les conditions du loyer de sa maison, j'eus occasion de lui parler de ma découverte. Le vieux gentilhomme en fut ravi et me pria de lui montrer le passage du poëme où son ancêtre était cité : de là il vint naturellement à demander ce que je faisais, à m'encourager dans mes études, à m'offrir sa bibliothèque particulière, qui était beaucoup plus belle que la bibliothèque de Rochebaron; et enfin, il se prit pour moi dès ce jour-là d'une amitié véritable ou du moins que je crus véritable. Et pourquoi ne l'aurait-elle pas été? J'étais jeune, inconnu et seul, car il ne connaissait ni ma mère ni Laure; quel intérêt pouvait-il avoir à feindre l'amitié?

Les premières semaines de notre séjour à Rochebaron se passèrent fort tranquillement. Je continuais de mener la vie paisible et laborieuse que nous avions à Paris. Laure et ma mère occupaient le premier étage de la maison; le second m'appartenait tout entier. Je l'avais rempli de livres, de cartes, de plans, de statuettes et des mille brimborions de ma mère. Lorsque je lisais et prenais des notes, Laure venait me voir travailler et travaillait elle-même près de moi. Si mes yeux quittaient mon livre un instant, c'était pour rencontrer les siens : Douce contemplation ! Souvent, lorsque j'étais embarrassé par quelque doute, je lui demandais conseil, et son esprit droit et pénétrant me tirait toujours d'embarras.

L'habitude de lui raconter tout ce que je venais d'étudier m'obligeait d'approfondir mes idées, et de ne me contenter jamais d'une demi-clarté. Enfin j'étais heureux, car j'avais tous les biens précieux qu'un homme peut désirer : j'aimais et j'étais aimé, ou du moins je croyais l'être. Plût à Dieu que cette illusion durât encore aujourd'hui !

Un matin, ma tranquillité fut troublée par un événement assez ordinaire. Je reçus du lycée l'ordre d'aller voir M. le recteur. Cet ordre, donné avec toute la politesse gracieuse qui distinguait Percepied, me causa une surprise désagréable.

Je rentrai d'un air sombre à la maison.

« Qu'as-tu? » demanda ma mère étonnée.

Et quand elle sut de quoi il était question :

« Ce n'est que Percepied! dit-elle. J'ai cru que tu avais la fièvre ou la migraine. Va donc, Gaston-Phœbus, va lui faire visite. Il t'adressera probablement quelque remontrance. Si tu es sage, tu fermeras les yeux pour ne pas le voir, car il est plus laid qu'un singe, et les oreilles pour ne pas l'entendre ; tu penseras à quelque chose d'agréable, à Laure par exemple, ou à Henriette ; tu remueras de temps en temps la tête pour montrer que tu l'approuves, et tu reviendras sans te mettre en colère, pas plus que si tu avais avalé un vermifuge. Est-ce que tu te fâcherais contre le vermifuge parce qu'il est amer? »

Je partis, décidé à suivre ce sage conseil, plus facile cependant à donner qu'à suivre, car l'insolence de Percepied aurait lassé le patient Épictète.

« Monsieur, me dit-il en me voyant entrer, c'est la seconde fois que je vous avertis. Prenez garde. Je me lasserai de faire des remontrances inutiles.

— Monsieur le recteur, répliquai-je d'un ton très-calme, quoiqu'il me vînt une violente envie d'appliquer deux soufflets sur sa face blême et jaunâtre, monsieur le recteur, je ne sais pas de quoi vous voulez parler.

— En vérité, monsieur! s'écria Percepied d'un ton ironique. Et pourriez-vous me dire, monsieur, dans quelle église vous avez entendu la messe dimanche dernier? »

Il est très-vrai que je n'allais jamais à la messe. La question était donc fort embarrassante.

« Monsieur le recteur, c'est une affaire entre ma conscience et moi, et....

— Une affaire de conscience, monsieur! Seriez-vous par hasard un esprit fort? Il ferait beau voir qu'un professeur du lycée de Rochebaron refusât d'aller à la messe! Peut-être, monsieur, dédaignez-vous les croyances de vos pères. Bossuet a cru, monsieur; saint Thomas d'Aquin était catholique fervent, monsieur, aussi bien que saint Augustin et saint

Jérôme; mais peut-être êtes-vous au-dessus de ces grands esprits, et avez-vous des raisons de douter qu'ils n'ont jamais soupçonnées? Je serais curieux de les connaître, monsieur; oui, en vérité, je serais curieux de les connaître! »

Peu à peu je m'échauffais à mon tour. Après tout, j'étais professeur de latin et nom de théologie; je faisais traduire Tacite et non pas saint Augustin; cette inquisition continuelle commençait à m'indigner. Je sentis que si je consentais à discuter et à répondre, il m'échapperait quelque parole un peu vive. Je gardai donc le silence.

Mais ce silence ne faisait pas le compte de Percepied, dont l'éloquence commençait à déborder. Il raffermit ses lunettes sur son nez, car ce batracien portait des lunettes, me regarda du haut en bas avec un air de majesté inexprimable et me dit :

« Vous m'entendez bien, monsieur. Je veux croire qu'il y a dans votre fait plus d'ignorance que de mauvaise intention.... mais vous devez l'exemple à vos élèves, l'exemple de la piété, monsieur, des bonnes mœurs et des bonnes manières, et j'entends dire que vous menez une conduite scandaleuse.... »

Je le regardai avec étonnement, pensant à part moi qu'il était fou, car excepté mes confrères du lycée, M. de Boréas ma mère et ma sœur, je n'avais de liaison avec personne.

« Oui, monsieur, scandaleuse! reprit-il avec force. Vous ne remplissez pas vos devoirs de chrétien le dimanche, mais on vous voit le samedi chez M. l'abbé Turquet avec plusieurs de vos collègues.... »

L'abbé Turquet était un brave homme de prêtre assez mal vu de son évêque parce qu'il était riche, indiscipliné et sans ambition; on n'avait pas osé l'interdire parce qu'il avait une conduite irréprochable, et que, touchant d'ailleurs à la soixantaine, il offrait peu de prise à la médisance; mais il était mal vu de toutes les autorités et en particulier de Sa Grandeur, aussi Percepied croyait faire sa cour à l'évêché en éloignant les professeurs du lycée de cette maison hospitalière.

De là le crime nouveau dont j'étais accusé,

aussi bien que la plupart des autres professeurs, car le bon abbé Turquet, soit pour faire enrager son évêque, soit par goût naturel, nous faisait toutes sortes de prévenances et, tous les samedis, bourrait de marrons et de vin blanc ses hôtes, — universitaires, marchands, avocats, avoués et autres bourgeois de toute espèce. A cette première politesse, ajoutez des journaux et des revues de toute espèce (hors l'espèce gouvernementale), deux billards et la gaieté la plus cordiale, et vous jugerez de l'attrait qu'avaient pour tout le monde la maison et la personne de l'abbé Turquet.

Je répliquai donc avec modération que je n'avais pas cru m'écarter de mon devoir en cédant aux instances d'un homme aussi généralement estimé que M. l'abbé Turquet; que d'ailleurs cette erreur, si c'en était une, m'était commune avec les habitants les plus respectables de Rochebaron, et je citai pour exemple trois magistrats, cinq notaires, sept avocats....

« Monsieur, interrompit Percepied furieux, je n'entends pas qu'on discute avec moi. Je suis seul juge de ce que vous devez faire, et c'est à moi que vous devez compte de vos actions. Je vous défends — pour des raisons que je n'ai pas besoin de vous expliquer ici — de retourner jamais chez M. l'abbé Turquet, et si vous jugez à propos d'enfreindre ma défense, je ferai mon rapport à qui de droit. »

A ces mots la patience qui déjà glissait dans mes doigts, m'échappa tout à fait.

« Monsieur, lui dis-je à mon tour en me levant, le pire que vous puissiez faire, c'est de me faire destituer ; et j'aurai du moins le plaisir de ne vous revoir jamais.... Allez à tous les diables ! »

Ce discours assez laconique et que ne faisait pas prévoir le calme avec lequel j'avais écouté jusque-là ses menaces, produisit sur le farouche Percepied l'effet le plus inattendu. Il s'imagina, non sans raison peut-être, que j'allais joindre le geste à la parole, et l'envoyer moi-même à la destination indiquée ; il devint pâle de frayeur, et tira le cordon de la sonnette.

A ce bruit, l'inspecteur d'académie qui travaillait dans une pièce voisine entra, suivi du garçon de salle. Percepied, rassuré par leur présence, me dit :

« Monsieur, vous m'insultez ! Vous me menacez ! Dès demain vous aurez de mes nouvelles ! »

Je rentrai chez moi tout bouillant de colère, et je fis le récit de mon aventure. Ma mère, qui était bien (la chère âme !) la femme du monde la plus disposée à voir en beau tous les objets, approuva fort ma réponse, et fut indignée des ordres du recteur.

« Ma foi, dit-elle, je suis bien aise que tu l'aies envoyé au diable. Je commençais à m'ennuyer ici, et nous allons avoir une belle occasion de retourner à Paris. Un professeur est un homme, après tout, et je ne vois pas pourquoi tu subirais les rebuffades de ce cuistre. Nous avons bien vécu jusqu'ici sans expliquer Tacite à des morveux ; nous vivrons bien encore sans cela. D'ailleurs, il y a soixante lycées hors de Rochebaron. Tu iras à Paris, tu expliqueras ton affaire à M. Aubaret, qui l'expliquera au ministre, et tu seras placé ailleurs. Va, mon ami, la pire de toutes les conditions, c'est de recevoir sans broncher les coups de pied de l'âne.

— Oui, dit Laure, mais notre mariage est à vau-l'eau ; et qui sait quel accueil Gaston-Phœbus recevra de M. Aubaret ?

— Tais-toi, petite sotte, répliqua ma mère. Tu ne sais ce que tu dis. Tu seras mariée avant la fin de l'année, je t'en fais le serment, puisque tu tiens tant à porter le nom de Gaston-Phœbus. Pour lui, s'il est destitué, il partira pour Paris sur-le-champ ; il ira voir M. Choisy, l'éditeur auquel M. Plotin promettait de le recommander ; s'il le faut, il verra M. Plotin lui-même. Ce n'est pas un méchant homme, et peut-être il nous servira, s'il ne lui en coûte rien. Il est charlatan, il parle matin et soir de vertu, de justice, de vérité, de philanthropie, et il n'osera pas, mis au pied du mur, ne pas rendre service à Gaston-Phœbus. Après tout, il a des torts envers lui, et il sera heureux de les réparer à bon marché. Or, il n'aura qu'à dire un mot à Choisy pour faire la fortune de

Gaston-Phœbus. Je dis la fortune, car je suis sûre que l'*Histoire des papes* aura dix éditions et assoira son auteur dans un bon fauteuil de l'Institut. »

C'est par ces espérances et d'autres pareilles que ma pauvre mère cherchait à relever mon courage, — plus sensée en cela que beaucoup d'autres femmes qui se croient fort judicieuses parce qu'elles accablent leurs maris, leurs frères ou leurs fils de lamentations sur le malheur qui est arrivé, et sur le malheur qui ne manquera pas d'arriver. Ma mère sentait très-bien que ma seule crainte était de la laisser sans ressources avec Laure, et que je n'étais attristé que parce que j'étais responsable du destin de toute la famille.

Du reste, si elle n'avait pour but que de m'encourager, elle y réussit merveilleusement, et Laure elle-même plaisanta gaiement sur le bonheur que nous aurions de retourner bientôt à Paris, « car, disait-elle, je ne voulais pas te l'avouer, mon cher Gaston-Phœbus, mais Rochebaron m'ennuie à la mort, et je regrette mes chères allées du Luxembourg et des Tuileries. Là, du moins, on ne rencontre pas de Percepied. »

Cependant toute cette tranquillité était factice, et je m'en aperçus bien quelques instants après; car, étant descendu au jardin, et me promenant sous la fenêtre qui était par hasard restée ouverte, j'entendis quelques mots de ma mère qui ne me laissaient aucun doute sur son inquiétude.

Le lendemain était un dimanche. Tout préoccupé de ma destitution que je croyais certaine et de la nécessité de changer de profession, je réfléchissais en silence tout en paraissant lire avec attention l'*histoire du Concile de Trente*, de Fra-Paolo Sarpi, que M. de Boréas m'avait prêtée. Ma mère cousait assise dans un fauteuil, au coin de la cheminée, en face de moi, et Laure chantait la romance de *Richard Cœur de Lion*, en s'accompagnant sur le piano.

Tout à coup l'on annonça M. de Boréas.

C'était sa première visite depuis l'arrivée de ma mère. A sa vue, Laure se tut et referma le piano, malgré les instances du vieux gentilhomme, qui protesta qu'il aimait passionnément la musique en général, la voix de Laure en particulier, et le chant de :

> O Richard! ô mon roi!
> L'univers t'abandonne.

Enfin, il insista tellement que Laure fut forcée d'achever le morceau, et je dois dire que M. de Boréas, tout en rendant justice au timbre exquis de sa voix, ne l'accabla point de fades compliments, et sut même indiquer avec goût quelques critiques légères dont elle pouvait faire son profit.

« Mais, ajouta-t-il, je suis venu pour vous parler de choses plus sérieuses, mon cher ami.... Oh! vous n'êtes pas de trop, mesdames..., et même, je crois que les conseils d'une mère et d'une sœur doivent être excellents.... Or çà, mon cher ami, quelle mouche vous pique, et quelle raison avez-vous d'envoyer au diable M. Percepied? »

Et sur un geste que je fis :

« Ne vous hâtez pas de répondre, dit-il. Je conçois que Percepied vous déplaise. Il est laid comme un hibou, et l'on devrait, en bonne justice, le déporter au pays des Mandingues, dont il a la grâce et la beauté. Mais enfin ce n'est pas une raison pour l'insulter, convenez-en, mesdames. »

Là-dessus, je lui racontai la conversation que j'avais eue, la veille, avec le recteur.

« Mon cher ami, dit Boréas, vous avez l'humeur un peu vive; mais enfin je n'ose pas trop vous en blâmer, ne sachant pas bien ce que j'aurais fait à votre âge et à votre place. Mais que comptez-vous faire maintenant, car vous supposez bien, n'est-ce pas, que l'affaire n'en restera pas là. Déjà votre aventure court la ville et les faubourgs. Ce malheureux homme a eu la sottise de répéter mot pour mot vos paroles; tout le monde en rit, les autorités vous blâment, et ce n'est que justice; jugez un peu du scandale si tous les subordonnés qui ont à se plaindre de leurs chefs venaient à suivre votre exemple; ce serait le renversement de tout ordre et de toute discipline; or, l'ordre et la discipline, vous le savez, mon cher ami, ou, si vous l'ignorez, vous l'apprendrez un jour à vos dépens, sont les fondements de l'État, au dire de ceux qui gouvernent. Enfin j'ai appris

l'aventure hier au soir de la bouche même de
M. le recteur qui la racontait chez moi à M. le
préfet entre deux tasses de thé. Et je dois dire
qu'il était dans une fureur épouvantable, car
il demandait au préfet s'il n'y avait pas moyen
de vous jeter quelque temps, pour l'exemple,
dans un cul de basse-fosse.

« Heureusement, j'arrivai sur ces entrefaites
et, voyant que l'affaire tournait mal, je me
hâtai de présenter au préfet un pauvre diable
d'adjoint de la commune de Saint-Sulpice, qui
attendait impatiemment l'honneur de faire
connaissance avec un si grand personnage.
Puis, la conversation étant rompue, je pris
Percepied à part, je lui dis.... Voyons, mon
cher ami, qu'auriez-vous dit à ma place? Vous
êtes embarrassé?... Vous ne sauriez donc pas
parler pour un ami dans l'occasion?... Je lui
dis donc ceci, ou à peu près :

« Monsieur le recteur, ce jeune homme a
« commis, il est vrai, une grave offense, et
« vous avez raison de ne pas la laisser impu-
« nie; mais sa jeunesse même n'est-elle pas
« une excuse? Les jeunes gens, vous le savez

« mieux que personne, monsieur le recteur,
« sont sujets à s'emporter.... Vous-même, cher
« monsieur, n'avez-vous jamais eu, dans votre
« jeunesse, quelqu'un de ces mouvements que
« la chaleur du sang explique, si elle ne les
« autorise pas? La fierté de votre caractère est
« connue (que le ciel me pardonne cet inno-
« cent mensonge, car le pauvre homme n'a
« jamais été connu que comme un pied-plat
« de la dernière espèce). — Monsieur le baron,
« répliqua Percepied, j'ai toujours eu pour
« mes supérieurs le respect convenable. D'ail-
« leurs, j'aurais volontiers oublié l'offense et
« pardonné à ce jeune homme; mais il a of-
« fensé dans ma personne le rectorat tout en-
« tier et l'Université dont je suis à Rochebaron
« le représentant le plus considérable. Comme
« chrétien et comme homme, je lui pardonne;
« comme recteur, je suis obligé d'en faire
« justice. »

« Vous savez combien je déteste l'hypocrisie. La réponse doucereuse et impitoyable de
Percepied m'indigna.

« Cher monsieur, lui dis-je, je n'ai aucun

« droit de me mêler de votre administration,
« et c'est à titre d'ami seulement que je prends
« la liberté de vous suggérer quelques ré-
« flexions ; j'ai lu quelque part qu'en Améri-
« que on se gardait bien d'offenser les enfants
« de peur qu'étant devenus hommes faits ils
« ne fussent tentés de s'en venger, — chose
« facile dans un pays libre et où le pouvoir
« change souvent de main. Croyez-moi, imitez
« cette prudence, et ne poussez pas à bout ce
« jeune homme. Je le connais, il a du mérite
« et des relations ; il a été le secrétaire du cé-
« lèbre M. Plotin ; par lui-même il peut s'élever
« très-haut et vous rendre un jour tout le mal
« que vous pouvez lui faire aujourd'hui. Soyez
« clément, pendant qu'il y a quelque mérite à
« l'être.

« — Monsieur le baron, répliqua Percepied,
« je ne connais que mon devoir, et quelque
« chose qui doive en résulter plus tard, je le
« ferai. »

« Je vis que c'était le moment de faire donner la vieille garde.

« Eh bien, cher monsieur, lui dis-je, ne

« ferez-vous rien pour moi? En mille occasions
« vous avez protesté de votre désir de m'être
« agréable. Le moment est venu de me mon-
« trer votre amitié. Abandonnez l'affaire. » Il
refusa obstinément; la vengeance est le plaisir
des dieux et des dévots.

« Monsieur le recteur, lui dis-je enfin,
« car j'avais réservé cet argument pour le
« dernier, et c'était le coup de dague de la fin,
« monsieur le recteur, puisque rien ne peut
« vous persuader, permettez-moi de vous faire
« une question…. Voulez-vous m'avoir pour
« ami ou pour ennemi? — Comment donc! en
« sommes-nous là? répliqua-t-il avec inquié-
« tude. — Oui, monsieur, dis-je à mon tour.
« J'ai peu d'amis intimes, vous le savez; on
« n'en fait guère de nouveaux à mon âge, mais
« enfin j'en ai trouvé un dans ce jeune homme,
« et je veux le garder. Qu'il ait eu tort ou
« raison de vous parler comme il l'a fait, peu
« m'importe. J'ai beaucoup d'amitié pour lui,
« et qui l'offense, m'offense. Choisissez donc
« résolûment : si vous le faites destituer, —
« car pour aller plus loin je vous en défie,

« — je ne vous laisserai pas un instant de
« repos. Vous savez qui je suis, à mon âge on
« ne craint rien. Je n'ai pas d'ambition, je
« n'ai ni place ni pension à perdre; tout le
« monde ici a besoin de moi, et vous tout le
« premier, mais moi je n'ai besoin de personne.
« L'évêque est mon ami; il attend beaucoup
« de moi, et il croit que je mettrai ses sémi-
« naires dans mon testament. Or, vous ne
« vivez que par lui, s'il vous abandonne, vous
« tombez par terre; et, pour parler comme
« Corneille :

> Sans avoir l'éclat du verre
> Vous en avez la fragilité.

« Réfléchissez donc mûrement, tandis qu'il
« en est temps encore. » — Ce discours un peu
dur et que je me serais bien gardé d'adresser
à un honnête homme, eut le même effet que
les plus belles harangues de Démosthène. En
une minute il prit son parti et me dit d'un
air riant : « En vérité, monsieur le baron,
« vous avez des arguments auxquels rien ne
« résiste. Que ne ferais-je pas pour conserver
« votre amitié?... Au moins, vous me rendrez

« cette justice que j'étais décidé d'avance à
« l'épargner pour ce qui regarde l'offense per-
« sonnelle que j'en ai reçue, et que le senti-
« ment seul du devoir m'obligeait à le pour-
« suivre. »

« Je le laissai développer ce thème durant trois quarts d'heure, et je feignis de croire tout ce qu'il disait. Maintenant donc l'affaire est étouffée. Il n'en sera plus question. Vous pouvez vous présenter à l'Académie quand il vous plaira, et vous recevrez du recteur un accueil convenable.... Or çà, mon cher Gaston-Phœbus, promettez-moi maintenant d'être sage et de laisser pérorer tout leur soûl messieurs vos supérieurs, car je ne serai pas toujours là pour vous tirer d'affaire, et si, par malheur, je n'avais pas rencontré notre homme hier soir, malgré tout mon crédit, votre destitution était certaine. »

Naturellement, je remerciai M. de Boréas comme il le méritait, et ma mère et Laure se joignirent à moi.

« Ne me remerciez pas tant, mon cher Gaston-Phœbus, me dit-il. Cela n'en vaut pas la peine. J'ai agi par pur égoïsme et pour ne pas me séparer de vous.... Votre amitié m'est devenue nécessaire.... A mon âge, on ne sait que faire de son temps, on ne s'intéresse plus qu'aux idées. La vie de tous les jours n'a plus d'intérêt pour nous. Croyez-vous que je me soucie beaucoup de savoir ce qui se passe chez mes voisins, quelle robe avait Mme la marquise, ou quel cheval M. le général commandant la garnison, ou quel sera le préfet de Rochebaron, ou quel sera le maire de telle commune, ou quel sera le juge de paix? Ces misères, qui me passionnaient autrefois tout comme un autre, m'ennuient maintenant à en mourir. A quatre-vingts ans passés, l'on n'est plus acteur, mais spectateur dans le drame de la vie, et l'on ne s'occupe plus qu'à prévoir ou à pressentir ce qui est caché derrière la tombe. C'est pour cela que je vous aime, mon cher Gaston-Phœbus. Aux sentiments et aux passions de votre âge, vous joignez un goût de la vérité et de la lumière qui n'appartient qu'aux esprits élevés et aux belles âmes. »

La conversation se prolongea quelque temps

encore, puis M. de Boréas se retira en demandant à ma mère et à Laure la permission de revenir.

« Voilà un excellent ami que Gaston-Phœbus a trouvé à Rochebaron, dit ma mère, séduite par l'éloge que M. de Boréas avait fait de moi et par le service qu'il m'avait rendu. Tu vois bien, Laure, qu'il ne faut jamais se désespérer. Chante-moi un morceau du *Barbier de Séville*. »

XII

M. Percepied n'osa souffler mot de son aventure, et bien moins encore de l'entretien qu'il avait eu avec M. de Boréas. Il parut avoir oublié complétement l'objet de notre querelle, et ma vie redevint calme comme un lac paisible. M. de Boréas venait régulièrement tous les mercredis passer la soirée avec nous; sa conversation pleine de réflexions fines ou profondes et de récits d'aventures plaisait à ma mère et à Laure autant qu'à moi-même. Il avait conservé le goût aujourd'hui si rare de la société des femmes, et se moquait volontiers des jeunes gens riches et oisifs de Rochebaron qui passent leur temps à fumer, à monter à cheval, à bâiller, et qui se font gloire de sentir le tabac et l'écurie.

« En Angleterre, me disait-il souvent quand j'étais seul avec lui, on a du moins la ressource des affaires publiques ou de l'agriculture; mais ici rien de pareil. De grands jeunes gens robustes, intelligents et bien faits, passent on ne sait où les vingt-quatre heures du jour et se font gloire de bonnes fortunes dont le prix est aussi connu que celui des petits pâtés.... Qu'on s'étonne après cela de l'abaissement de l'aristocratie en France.... Vous êtes bien heureux, mon cher Gaston-Phœbus, que la pauvreté vous oblige à travailler. Un jour vous serez, je le sens, un homme supérieur, peut-être un de ceux à qui seront remises les destinées de la patrie. Seul ou non, secrètement ou publiquement, pensez et agissez toujours comme si dès aujourd'hui cent millions d'hommes avaient les yeux fixés sur vous. Ayez toujours une âme héroïque, quand même vous ne

devriez pas trouver l'occasion d'être un héros.
Ne regardez jamais au-dessous de vous, mais
au-dessus, et n'ayez souci que de la grandeur
morale; l'autre ne tardera guère à venir, ou si
elle vous manque, vous [n'en sentirez pas le
besoin. La vie qui vous semble longue aujour-
d'hui, est bien courte, croyez-en un vieillard,
et quand elle sera près de s'éteindre, vous ne
regretterez pas de n'avoir pas eu assez d'argent, de plaisir ou d'autorité, mais de n'avoir
pas fait des actions grandes et belles. Si vous
saviez combien, — moi qui vous parle, — je
suis souvent attristé par des regrets de cette
espèce? Mais il est trop tard aujourd'hui....
Les belles et fécondes années de la jeunesse
ne se retrouvent plus.... »

Voilà les conseils que me donnait ce sage
vieillard, et en réalité la haute opinion qu'il
avait de mon avenir et de mon caractère redou-
blait mon ardeur au travail et me relevait
encore à mes propres yeux. Du reste, son
amitié pour moi semblait croître de jour en
jour, et quoi qu'elle fût très-sincère, puisqu'il
m'en avait donné des marques avant de con-

naître ma mère et Laure, je crus enfin m'apercevoir qu'il s'y mêlait un autre sentiment. Je veux dire que je remarquai avec étonnement d'abord, puis avec jalousie, qu'il était fort empressé auprès de Laure.

Son âge (il avait quatre-vingt-deux ans) rendait cet empressement si singulier et si peu périlleux que je refusai longtemps d'en croire mes yeux, et que Laure, après que je lui eus fait part de mes soupçons se moqua de moi.

« Mon pauvre ami, me dit-elle, tu es un véritable Othello : tu vois des étoiles en plein midi. Certes, je serais très-fière d'avoir quelqu'un à te sacrifier, mais avec la meilleure volonté du monde cela m'est impossible. M. de Boréas est un homme très-sage et très-sensé qui n'a jamais fait attention à moi, excepté pour me remercier quand je lui demande le récit de ses campagnes dans les mers de l'Inde. Toi, tu es un affreux jaloux, et je m'attends à être étouffée sous mon oreiller, comme la pauvre Desdémona.... Laissons cela et lis-moi le portrait de Jean Ziska que tu viens d'écrire, car il faut que ton livre soit terminé dans deux ans et qu'un mois après tu sois admiré de toute l'Europe.... » Je le veux!

Je me remettais alors au travail avec confiance, persuadé que je m'étais trompé. Au reste, les premiers soupçons de cet amour ne me vinrent que beaucoup plus tard. Pendant les premiers mois d'hiver, je pensais à toute autre chose, et je faisais fort exactement mon cours au lycée en tâchant de ne donner sur moi aucune prise à l'implacable Percepied.

Au premier janvier, nous eûmes occasion de faire en corps à Mgr l'évêque une visite officielle qui n'a pas grand rapport à mon histoire, mais qui fera connaître mieux que toute autre chose la noblesse d'âme de M. le recteur de l'académie de Rochebaron, et aussi les égards que le clergé, dans tout l'éclat de son triomphe, avait pour ses adversaires de l'Université.

Monseigneur était dans un grand salon, debout, les mains derrière le dos, et appuyé à la cheminée. A droite et à gauche, il était flanqué de ses deux grands vicaires, et, suivant le le mot de Martyn, qui marchait à côté de moi dans le cortége, il ressemblait à Jésus-Christ entre les deux larrons, comparaison que je blâme et blâmerai toujours, car elle n'était flatteuse ni pour Jésus-Christ ni pour les grands vicaires, dont le seul tort était de singer de leur mieux les manières hautaines et désagréables de leur chef.

Ce chef, Mgr Fortunat (ses mandements l'ont fait assez connaître depuis quelques années; en ce temps-là il était protégé du gouvernement et croyait le protéger), monseigneur, donc, fit deux pas pour aller au-devant de nous et revint ensuite à sa place, je veux dire à la cheminée, de peur que quelqu'un de nous n'eût l'idée trop familière de se rapprocher de lui et du feu.

Mais le malheureux Percepied n'avait pas une ambition si haute. Sa contenance piteuse et basse trahissait son embarras; les deux grands vicaires s'entre-regardaient en souriant, et monseigneur relevant le menton pour nous regarder de plus haut, attendait d'un air impassible et superbe qu'il plût au recteur de commencer le feu.

« Parions, me dit tout bas Martyn, que Percepied va lâcher quelque sottise. »

Mais, par grand hasard, il perdit son pari; car le recteur se borna d'abord aux banalités d'usage. Il était heureux et fier de présenter à Sa Grandeur messieurs les professeurs du lycée de Rochebaron. Il espérait que Sa Grandeur voudrait bien garder pour nous la bienveillance dont elle avait déjà donné tant de preuves.

« Attention ! dit Martyn; il commence à patauger; dans un instant il va se mettre, et, ce qu'il y a de pire, nous mettre aux genoux de ce prêtre. »

Mgr Fortunat ne se possédait pas de joie et d'orgueil. Il effaçait les épaules comme un colonel de cavalerie qui passe en revue son régiment (il avait d'ailleurs quelque chose de l'air et des manières d'un cuirassier, les cheveux roux, les yeux hardis, une haute taille, des épaules larges et l'assurance que donne l'habitude de ne parler qu'à des subordonnés).

Quand le recteur eut achevé sa courte harangue, Mgr Fortunat répliqua d'une voix vibrante et sonore :

« Monsieur le recteur, messieurs, je sais reconnaître les louables efforts que vous faites pour vous rendre dignes de votre tâche...! Vous avez raison de compter sur ma bienveillance; elle vous est assurée tant que vous resterez, comme je l'espère, dans la voie droite hors de laquelle il n'y a ni salut ni dignité pour personne. Aimez notre mère la sainte Église catholique, apostolique et romaine; aimez-la si vous voulez faire votre salut dans l'autre monde, et j'oserai presque dire si vous voulez faire votre chemin dans celui-ci.... »

Ces mots furent prononcés avec un sourire dont rien ne saurait rendre l'ironie et presque l'insolence. Les grands vicaires avaient l'air de se dire : « Comme il a bien rivé leur clou à ces gens de rien ! » Après une pause, il reprit :

«.... Moi aussi, messieurs, j'ai de bonnes nouvelles à vous donner de la prospérité de mes petits séminaires. Celui de Rochebaron a doublé depuis trois ans ; nous ne savons plus où loger nos élèves ; et à ce propos, monsieur le recteur, je suis heureux de vous apprendre qu'on est très-content de votre fils Eugène. C'est un charmant garçon qui travaille très-bien.... »

Sous ce dernier coup, Percepied baissa la tête. Ce malheureux, pour obtenir les bonnes grâces de l'évêque, avait eu la bassesse d'envoyer son propre fils au petit séminaire de Rochebaron, et Mgr Fortunat se faisait un malin plaisir d'annoncer à toute la ville que les études étaient si faibles au lycée ou si fortes au petit séminaire, que le recteur lui-même, meilleur juge que qui que ce soit de l'éducation et de la discipline, n'avait voulu confier son fils qu'à des mains ecclésiastiques.

Percepied balbutia à demi-voix quelques paroles embarrassées que l'évêque feignit de prendre pour un remercîment. Là-dessus Sa Grandeur daigna nous congédier, et le recteur tout troublé allait tout droit vers la chambre à coucher de monseigneur, lorsqu'un des grands vicaires s'avança pour le remettre dans son chemin, et lui montra de la main la porte et l'escalier.

Au reste, sans vouloir l'attendre ni saluer

l'évêque, la plupart des professeurs étaient déjà descendus, indignés des affronts auxquels les exposait la lâcheté de leur chef.

« Quelle face de laquais ! » me dit Martyn quand Percepied passa près de nous.

Percepied se retourna et nous regarda de travers, mais tout le monde était si indigné de sa bassesse qu'il n'osa relever le mot et se fâcher. Il feignit de n'avoir rien entendu.

De l'évêché, nous allâmes chez le procureur général. Celui-là était en froid avec l'évêque : vieille tradition des parlementaires. Aussi l'accueil, sans être cordial, fut marqué d'une protection bienveillante. Évidemment M. le procureur général voulait nous rassurer ; il se serait même, je crois, familiarisé avec nous s'il n'avait craint qu'on lui rendît la pareille.

C'était un homme de haute taille, de figure maigre et allongée, d'éloquence médiocre, d'esprit plus médiocre encore, — un bon avocat de sixième ordre, — du reste plus poli et mieux élevé que la plupart de ceux dont le métier est de demander à douze jurés la tête d'un pauvre diable de parricide. Il avait commencé brillamment sa carrière sous Charles X, l'avait continuée brillamment sous Louis-Philippe, s'était éclipsé prudemment pendant dix mois de république, avait reparu avec éclat après le 10 décembre 1848, et se promettait bien de terminer ses jours sur un fauteuil de la Cour de Cassation. (Son attente n'a pas été trompée. Il est aujourd'hui conseiller et rend le pain bénit à l'église Saint-Eustache. Vous le trouverez tous les dimanches à la messe de dix heures, assis sur la troisième chaise du quatrième rang à partir du second pilier de la nef. C'est ce grand monsieur chauve et grisonnant que le bedeau salue avec respect et qui donne dix centimes au prêtre quêteur.)

Ce magistrat austère et bienveillant (sévère mais aussi juste que le fameux Petdeloup) nous attendait, debout comme monseigneur, et écartait devant la cheminée les basques de son habit afin de se chauffer plus à l'aise. Soit qu'après l'accueil que nous avions reçu de l'évêque nous ne fussions pas exigeants, soit qu'en effet le procureur fût plus aimable (et en vérité ce n'était pas difficile !), ses manières ne nous déplurent pas; mais je dois dire que son discours surtout eut le plus grand succès, et qu'il fit la joie de tout le corps enseignant de Rochebaron pendant tout un trimestre. Le voici, ce discours mémorable.

Après que M. le procureur eut fait un salut gracieux à la ronde et serré la main du noble Percepied, il s'exprima en ces termes :

« Messieurs, je suis heureux de vous voir autour de moi.... J'ai toujours aimé l'Université.... Cela me rappelle que j'ai connu autrefois deux frères.... Ils s'appelaient, je crois, Durand, et ils étaient professeurs.... Oui, ils étaient frères et professeurs.... »

Il y eut une pause. On écoutait l'orateur avec respect.

« Oui, dit-il, en reprenant son discours, le plus âgé s'appelait Durand l'aîné, *senior*, comme vous dites, messieurs de l'Université.... Le plus jeune s'appelait Durand.... Attendez-donc, Durand ?... »

Nous attendions en effet avec anxiété la fin de cette intéressante histoire, mais cette fin ne venait pas. Tout à coup le recteur eut une idée lumineuse.

« Durand *junior*, peut-être, dit-il d'un air doux et insinuant.

— .... Non ! non ! répliqua le procureur général avec quelque impatience.... C'était un nom très-singulier.... Ah ! le voici.... Durand Turiaf-Bonaventure.... Tous deux étaient de très-honnêtes gens. »

Ici pause nouvelle. Tous en robe, debout, la toque à la main, le sourire sur les lèvres, prêts à trouver admirable tout ce que M. le procureur général allait dire, nous attendions encore, silencieux et retenant notre souffle de peur de perdre un mot de ce discours. Le magistrat, embarrassé, se dandinait, cherchant une inspiration.

« .... Je les estimais beaucoup, dit-il enfin, et je les voyais assez souvent. Je les verrais encore si....

— Est-ce qu'ils sont morts ? demanda Percepied avec intérêt.

— Et pourquoi seraient-ils morts ? répliqua le magistrat d'un air hautain.

— Je ne sais pas, moi ! » dit Percepied intimidé.

A cette réponse naïve, tout le monde éclata de rire. Le procureur général se hâta de serrer la main du recteur ; celui-ci se hâta de sortir, et nous nous hâtâmes de le suivre, car la gravité des deux corps les plus sérieux de France était terriblement compromise.

Ce serait perdre du temps que raconter les belles choses que Percepied dit au préfet, les choses plus belles encore que répliqua le préfet, qui était baron du chef du premier empire, homme assez aimable du reste, et sans méchanceté, ou le tête-à-tête que j'obtins trois jours plus tard de Mme la baronne, et qui ne tourna pas à mon avantage, car la noble dame, qui avait daigné me recevoir dans son salon et me tenir compagnie, me prenant pour un grand personnage (le domestique avait sans doute mal prononcé mon nom, ou bien elle s'était imaginé que j'étais le petit-fils et l'héritier du fameux Gaston-Phœbus, comte de Foix), la noble dame, dis-je, s'apercevant qu'elle n'avait affaire qu'à un simple latiniste, remit dans sa gaîne le charmant sourire qu'elle avait bien voulu en tirer pour moi, et prit un air si sérieux, et commença à bâiller avec tant de franchise que j'eus à peine le temps de prendre mon chapeau, de saluer et de sortir.

Ces choses-là sont connues de tout l'univers, et me laissaient d'ailleurs assez indifférent, car mon bonheur intime ne dépendait ni du préfet, ni du recteur, ni du procureur général, ni de l'évêque; j'aimais, je me croyais aimé; que pouvais-je demander de plus? Mais le temps de l'adversité était venu, et mes vrais malheurs allaient commencer.

XIII

Vers le 15 janvier de la même année (je m'en souviens comme si c'était hier), nous reçûmes une terrible nouvelle.

Ma mère, Laure et moi, nous étions assis, le soir, près du feu, moi entre ces deux chères créatures, et nous parlions d'Henriette et de Caïus Schweizer. Nous n'avions certes aucune inquiétude sur leur destinée; ma mère les croyait déjà millionnaires; tous deux étaient jeunes, bien portants, et le climat des États-Unis est le plus sain de l'univers. Cependant, sans savoir pourquoi, nous étions plus préoccupés qu'à l'ordinaire, et même, sans le vouloir, je me laissais aller à des pensées mélancoliques.

« Il fait bon ici, dis-je enfin. Le vent siffle avec violence dans le jardin et dans la vallée. La flamme brille au foyer; l'on a chaud au corps et au cœur. Je voudrais que ce grand flandrin de Caïus fût ici avec Henriette. Il ne manquerait plus rien à mon bonheur. »

Comme je parlais, le facteur entra et remit à ma mère une lettre timbrée de la Nouvelle-Orléans. C'était l'écriture de ma sœur.

« Voyons ce qu'elle mande, s'écria joyeusement ma mère en rompant le cachet. Je parie qu'elle nous annonce son arrivée prochaine avec des barriques remplies de dollars. Lis-moi cela, Gaston-Phœbus ; je n'ai pas mes lunettes.

Voici cette fatale lettre :

« New-Orléans, 20 décembre 185....

« Comment vous annoncer, chère mère, le malheur qui vient de nous frapper ?

« Nous sommes ruinés, mais ruinés de fond en comble et de manière à ne nous en relever jamais, du moins dans ce pays. A peine si nous y trouverons de quoi vivre.

« Vous vous souvenez sans doute des grandes espérances que nous faisait concevoir notre cornac, M. Séméi Burton, du Connecticut, homme pieux et craignant le Seigneur, et suivant la voie droite comme il s'en vantait lui-même.

« En effet, pendant deux ou trois mois, nos affaires étaient en fort bon état. Caïus entassait les dollars par milliers, et notre gloire (j'entends la gloire de la princesse Raeffskoï-Préobaj), croissait en même temps que notre fortune. Tout à coup un terrible accident est arrivé et nous a replongés dans la misère.

« A trente lieues au-dessus de Caire, sur le Mississipi, le bateau à vapeur *Tennessee*, sur lequel nous étions embarqués, s'est mis sottement à lutter de vitesse avec un autre bateau d'une compagnie rivale. Capitaine et passagers se sont crus engagés d'honneur à ne pas céder. L'équipage, excité par les cris des passagers, a si bien travaillé, qu'au bout d'un quart d'heure la chaudière éclatait; le bateau *Tennessee* a coulé à fond au milieu du Mississipi. Sur trois ou quatre cents passagers, les deux tiers ont péri, le reste est à demi-brûlé ou s'est échappé à la nage.

« Caïus, jeté par l'explosion à une grande distance et frappé d'un éclat de bois dans la poitrine, a regagné péniblement le rivage. Pour moi, plus heureuse, je fus saisie par un jeune Yankee qui croyait, je pense, sauver la fameuse princesse Raeffskoï-Préobaj, et qui me ramena à terre presque évanouie, mais sans blessure.

« Malheureusement, tous nos bagages étaient au fond du Mississipi, et en particulier quatre-vingt mille dollars, fruit de nos économies. Plus malheureusement encore, M. Séméi Burton s'était noyé, et nous n'avions plus ni argent, ni associé, et même je dois le dire nous n'avions plus de courage. Mon pauvre Caïus, assez grièvement blessé d'ailleurs, n'a pu supporter qu'à grand'peine le transport jusqu'à la Nouvelle-Orléans. Il guérira, je le sais, le chirurgien l'assure, et Caïus est déjà en état de se lever; mais avec quelle difficulté ! Nous voilà retombés du haut de nos rêves....

« Peut-être aurions-nous retrouvé assez aisément un autre Séméi Burton, car le pays en est plein; mais Caïus, qui n'est pas heureux, comme vous savez, a eu le malheur de rencontrer ici deux ou trois Poméraniens de sa connaissance, à qui il a tout de suite, avec sa candeur ordinaire, raconté toute notre histoire; ces Poméraniens, soit par jalousie de nos anciens succès, soit par stupidité ou malveillance naturelle, ont répété partout le récit de Caïus; de sorte que les journaux de la Louisiane, heureux de trouver un petit scandale et de se moquer de la crédulité de leurs concitoyens du Nord, en ont fait un tapage effroyable.... Si nous avions eu de quoi payer notre passage, nous serions repartis pour l'Europe. Caïus, réduit à la dernière extrémité, s'est fait accepter comme cor au théâtre français; il entrera en fonctions dans huit jours ; et moi je donne ici, à des jeunes filles créoles des leçons de piano, dont elles profitent Dieu sait comment!

« Adieu, chère et bonne mère. J'espère que vous êtes plus heureux que nous, là-bas, et je vous embrasse bien tendrement, toi, Gaston-Phœbus et Laure.

« HENRIETTE SCHW. »

Nous restâmes quelque temps sans parler, tant cette lecture nous avait consternés. Ma mère surtout en fut frappée au cœur. Comme elle avait l'imagination très-vive et une sensisibilité exquise, elle se représentait avec une force extraordinaire tous les malheurs qui pouvaient s'accumuler sur la tête de ma pauvre sœur en pays étranger.

Elle voyait déjà Caïus mort, Henriette abandonnée et misérable. L'exil s'ajoutait à toutes les autres douleurs. Ces images terribles lui causèrent une impression si vive qu'elle fut attaquée la nuit suivante d'une fièvre cérébrale et qu'elle mourut quelques jours après en appelant Henriette dans son délire.

Laure et moi nous nous trouvâmes seuls sur la terre.

XIV

La maladie de ma mère avait été si terrible et si imprévue que ce fut pour nous un coup de foudre. Comment aurions-nous pu penser qu'une femme d'une santé aussi florissante en apparence, d'humeur toujours gaie, et plus jeune encore de caractère que d'âge serait frappée si vite. Dès les premières heures, le délire s'empara d'elle, et nous n'entendîmes plus que des sons inarticulés ou des mots sans suite qui témoignaient de son inquiétude sur le sort de ma sœur. Elle rouvrit deux ou trois fois les yeux, fit effort pour nous reconnaître et mourut, serrant de ses mains défaillantes celle de Laure et la mienne.

Quelques jours se passèrent dans un profond silence. J'étais tellement abattu et consterné de la mort de ma mère, que je n'avais plus la force de réfléchir, ni de travailler, ni même de parler. Je regardais sa place vide à table, je pleurais en silence et je me levais sans avoir mangé. Mon désespoir était si profond, que Laure craignit à la fin qu'il n'eût des suites fâcheuses, et s'efforça de me consoler.

J'ai souvent entendu dire que l'on consolait les malheureux, et ce doit être vrai sans doute, puisque tout le monde le dit; mais je n'ai jamais vu personne qu'on eût consolé par des discours, ou des réflexions philosophiques. Car à quoi sert de raisonner logiquement, et de montrer que tous les hommes sont mortels, et que le défunt ou la défunte devait nécessairement subir la loi commune? Ne le savons-nous pas? Et quelle douceur peut-on trouver dans ces lieux communs philosophiques ou dévots?

Pour moi, je ne sentis ma douleur s'apaiser, ou plutôt s'adoucir, que le jour où Laure, me voyant toujours morne, sombre et silencieux, s'approcha de moi d'un air caressant, me regarda avec des yeux dont rien ne saurait peindre la douceur et le charme, et m'attirant à elle, me dit :

« Gaston-Phœbus, mon cher Gaston-Phœbus, ne suis-je pas là pour t'aimer? »

Elle était assise sur une grande chaise longue à tapisserie, à côté d'une petite table à ouvrage, en face de la cheminée. Moi, j'étais assis près d'elle, et je regardais sans rien dire le feu qui pétillait, et un livre ouvert que je ne lisais pas.

A cette parole et à ce geste caressant de Laure, je laissai tomber mon livre, et je m'assis à ses genoux, sur le tabouret même où ses pieds étaient appuyés, je pris ses deux mains dans les miennes, je les baisai tendrement, et je mis ma tête sur ses genoux, comme un petit enfant qui va chercher asile dans le sein de sa mère.

Il y eut un instant de silence, enfin Laure

se dégagea doucement de mes mains et me dit :

« Montre-moi ton chagrin, ouvre-moi ton cœur; à qui pourrais-tu mieux dire combien tu pleures celle que nous avons perdue et que nous regretterons éternellement. N'était-elle pas ma mère aussi bien que la tienne? »

Pendant qu'elle parlait, penchée vers moi, et de ses cheveux touchant presque les miens, je sentais courir sur ma joue son haleine fraîche et parfumée, et je m'enivrais des soins qu'elle prenait d'adoucir ma tristesse.

Ce qui est plus singulier, et ce qui montre bien que rien n'est éternel en ce monde, pas même le désespoir des plus désespérés, c'est qu'en l'écoutant je sentais cette tristesse même se dissiper et faire place à une mélancolie qui n'était pas sans charme. Mon âme trop longtemps resserrée et concentrée en elle-même par la douleur, se rouvrait à l'espérance comme une fleur après l'orage. Il m'était presque doux d'être malheureux, puisque je devais être si délicieusement consolé. Qu'on me pardonne ce mouvement involontaire et égoïste; nous serions plus ou moins que des hommes si nos impressions les plus vives et les plus profondes devaient durer toujours.

Je me retournai vers Laure, et entourant sa taille de mes bras, je la serrai sur mon cœur et je lui dis en l'embrassant :

« Écoute-moi, chère Laure, et jure-moi d'avance que tu feras ce que je vais te demander. »

Elle me regarda avec des yeux étonnés et fit sans hésiter le serment que je lui demandais.

« Jure-moi, lui dis-je, de ne jamais me quitter jusqu'à ce que tu sois devenue ma femme. »

Il faut dire que depuis quelques jours je la soupçonnais de préparer son départ. Elle écrivait à Paris, et recevait des lettres dont l'écriture m'était inconnue. Ces correspondances, dont je m'apercevais, sans que j'eusse osé lui faire des questions, et sans qu'elle eût elle-même voulu m'en dire un mot ou qu'elle eût paru s'apercevoir de mon inquiétude, me causaient une vive anxiété.

« Mon cher Gaston-Phœbus, dit-elle, rends-moi le serment que tu m'as fait prêter si témérairement tout à l'heure. Il faut que je parte. Nous ne pouvons plus rester ensemble dans cette maison. »

Et comme j'allais me récrier :

« Du moins jusqu'à notre mariage, ajouta-t-elle.... Tant que notre mère a vécu, j'étais heureuse de vivre auprès de toi, de penser avec toi tout haut, de te connaître, de t'aimer.... Aujourd'hui, ce n'est plus possible. Le monde s'étonnerait de nous voir l'un près de l'autre....

— Le monde! m'écriai-je d'une voix éclatante, car je voyais tous mes projets de bonheur menacés par ce départ soudain; le monde! Et qu'importe à toi et à moi? N'avons-nous pas vécu sans lui jusqu'à présent, et ne vivrons-nous pas loin de lui, s'il plaît à Dieu? Qu'est-ce que ce monde qui t'effraie? Les bourgeois de Rochebaron, les bourgeoises de Rochebaron, l'avocat, l'avoué, le magistrat, l'épicier, la bouchère, le boulanger du coin? Quel droit tous ces gens-là ont-ils sur toi et sur moi? Sont-ils nos maîtres, nos créanciers, nos juges ou même nos amis? Quelque opinion qu'ils aient de nous, ou quelque histoire qu'il leur plaise de raconter sur nous, m'en aimeras-tu moins? t'en aimerai-je moins? Reste donc ici avec moi, chère âme; reprends courage; tu n'auras pas d'ailleurs à attendre bien longtemps, car je vais dès demain, si tu y consens, faire publier nos bans à la mairie.

— Y penses-tu? demanda-t-elle. Après un deuil si récent!

— Jure donc, lui dis-je que tu ne me quitteras jamais, et cesse d'écrire ou de recevoir des lettres dont la seule suscription me remplit de douleur, de crainte...

— Et de jalousie, ajouta-t-elle en souriant, car c'est ton vice capital, mon pauvre Gaston-Phœbus, et je prévois que ce vice nous rendra tous deux bien malheureux.... Mais tiens, pour te rassurer un peu, lis-moi tout de suite et tout haut le paquet de lettres que voici, et qui te cause tant d'inquiétude. »

Je n'osais avouer que c'était ma secrète envie, et je me fis prier un peu, mais de la bonne sorte. Laure qui lisait dans mon cœur comme dans un livre ouvert, me força de lire le paquet tout entier. Elle avait écrit à Paris pour s'offrir comme sous-maîtresse dans une pension de jeunes filles, et son offre était acceptée à condition qu'elle partirait dans un délai de trois jours.

« Avoue que tu as eu de l'instinct, me dit-elle en riant, après cette lecture, car l'affaire était déjà réglée, et je comptais partir après-demain en te prévenant seulement deux heures avant mon départ, pour ne pas rencontrer de résistance.

— Ingrate! lui dis-je en l'embrassant, c'est la première de tes trahisons; que ce soit aussi la dernière, car une seconde coûterait la vie à l'un de nous deux. »

Elle écrivit donc à Paris pour se dégager et retirer sa parole, et dès le lendemain, je sortis de la maison avec l'intention de me procurer les papiers nécessaires à notre mariage et de faire publier les bans dès le jour suivant; pour moi l'avenir était plein de promesses. Mon *Histoire des Papes* avançait déjà. Le plan était tracé d'avance; la moitié du premier volume était écrite; le reste marchait rapidement grâce à la retraite où je vivais confiné, ne voyant personne excepté M. de Boréas, dont les visites un instant interrompues par la mort de ma mère, avaient recommencé quinze jours après et devenaient presque quotidiennes.

Malheureusement je ne connaissais pas tous les ennuis de la province.

XV

Le lendemain, j'allai donc au lycée faire ma classe comme à l'ordinaire; de là je devais revenir à la maison, déjeuner avec Laure et me rendre à la mairie.

En rentrant, je fus frappé de l'air préoccupé de Laure; et comme la moindre impression qu'elle éprouvait avait en moi son contre-coup, je fus tout d'abord inquiet et presque troublé sans savoir pourquoi.

Cependant nous dissimulions tous deux, faisant effort pour parler de choses banales et peu intéressantes. Je lui donnai des nouvelles de ma classe, du proviseur, du recteur, du censeur; je lui racontai les bons mots de Martyn et les calembours du professeur de sixième; mais plus j'essayais de rire et de la faire rire, et plus la conversation se refroidissait. Enfin, n'y tenant plus, je me levai de la chaise où j'étais assis, et, passant fraternellement mon bras autour du cou de Laure, je lui demandai avec une tendre brusquerie :

« Voyons, qu'as-tu ce matin? Es-tu souffrante? Te repens-tu de ta promesse d'hier? Regrettes-tu de faire mon bonheur? Parle.... mais parle donc! »

Elle se retourna lentement, me tendit la joue et me dit :

« Je t'aime! n'est-ce pas tout ce qu'il faut? Ne m'interroge pas. J'ai des vapeurs.... »

Cette réponse m'étonna, car Laure n'était pas capricieuse; mais il fallut m'en contenter. Cependant la conversation languissait toujours. Je me promenais avec impatience dans la salle à manger, ne sachant que faire ou que dire, et un peu irrité du silence de Laure.

« Voyons, lui dis-je, tu ne me quittes plus, n'est-ce pas ?

— Non.

— Tu m'aimes toujours ?

— Plus que jamais.

— Tu n'as pas reçu de mauvaises nouvelles d'Henriette ?

— Non, non, non !... Mais, dit-elle en se décidant tout à coup, j'aime autant te parler de cela tout de suite, puisqu'aussi bien il m'est impossible de le cacher. J'ai reçu ce matin une lettre.

— Une lettre ! dis-je étonné. Et de qui ?

— De M. de Boréas.... Lis toi-même. »

Je dépliai la lettre en tremblant et je lus ce qui suit :

« Mademoiselle,

« Pardonnez-moi de vous écrire ce que je n'ose vous dire moi-même.

« Je vous aime. Je vous en supplie, ne riez pas d'un vieillard sur les lèvres de qui le mot d'amour semble presque un sacrilége. Cet amour, mademoiselle, n'a rien qui puisse vous offenser. Depuis deux mois je vous vois et je vous admire. Toutes mes pensées (les pensées d'un octogénaire!) se tournent vers vous. J'oublie mon âge pour ne penser qu'à vous, à votre beauté, à votre candeur divine, à ce charme qui respire dans toutes vos paroles. Je ne puis être votre père, je voudrais être votre mari, mais avec les sentiments et le respect d'un père.

« Voilà le terrible secret que je n'osais vous dire, mademoiselle, et duquel dépend tout le bonheur du peu de jours qu'il me reste à vivre. Je sais quelle folie c'est d'espérer de vous quelque retour, et cependant, si j'osais me flatter de cette espérance!... Que puis-je vous demander! Quelque amitié pour moi, un respect filial, et en échange je serais heureux, mademoiselle, d'assurer à votre frère et à vous un avenir tranquille et digne de vous deux.

« Laure, ma chère Laure, écoutez ma prière. J'ai peu de temps à vivre, et je ne vous demande que de porter mon nom pendant ce court intervalle et d'accepter la fortune que je vous offre. Un autre, plus heureux que moi, pourra se faire aimer de vous, et quand j'aurai cessé de vivre, assurer votre bonheur. Que me faut-il à moi ? Passer mes derniers jours près de vous et savoir que votre main amie consent à me fermer les yeux.

« Laure, je vous en supplie, ne me refusez pas ce bonheur. Soyez ma fille et mon héritière. Consentez à être ma femme et ne craignez pas que j'use contre vous de l'autorité d'un mari. Je ne demande au ciel que d'avoir le droit de vous offrir la seule chose qui manque à votre frère et à vous, la richesse. Je n'ose aller chez vous et recevoir de vive voix votre réponse ; mais je me mets à vos genoux pour l'implorer. Et si elle doit être défavorable, je ne vous reverrai jamais.

« Ch. de Boréas. »

On se figure aisément ma surprise et mon chagrin. Je ne doutais pas de la réponse de Laure ; mais je plaignais ce pauvre Boréas d'avoir gardé un cœur si jeune dans un âge aussi avancé, et j'étais attristé de perdre le seul ami véritable que j'eusse trouvé à Rochebaron. Laure partageait mes sentiments.

« Eh bien! dis-je enfin après un long silence, qu'as-tu répondu?

— Ma réponse, dit Laure, est encore sur la table. Lis.

« Monsieur,

« J'espère que Gaston-Phœbus et moi nous ne perdrons pas un ami tel que vous et dont l'amitié nous est si précieuse.... Gaston-Phœbus n'est pas mon frère; il est mon fiancé et mon cousin germain. Les noms de frère et de sœur que nous nous sommes toujours donnés (sa mère est devenue la mienne par adoption) ont causé votre erreur. Soyez, comme toujours, notre ami, monsieur, et soyez sûr que la femme de Gaston-Phœbus (notre mariage sera fait dans un mois) ne sera pas pour vous une fille moins respectueuse et moins affectionnée que l'aurait été sa sœur.

« Laure. »

« As-tu, ajouta-t-elle, quelque observation à faire?

— Aucune, chère âme de ma vie. Tu es un ange, et tout ce que tu fais sera bien fait.... Mais quelle fatale coïncidence ! Qui aurait pu croire qu'un homme de cet âge....

— Aimerais-tu mieux, dit-elle en riant, que M. de Boréas n'eût que vingt-cinq ans ?

— S'il n'avait que vingt-cinq ans, je lui couperais la gorge !

— Rends donc grâces à l'Éternel qui l'a fait naître soixante ans avant toi, et envoie la lettre toi-même, » dit Laure.

XVI

De tous les habitants de Rochebaron le plus étonné fut monsieur le secrétaire de la mairie lorsque j'eus pris la liberté de lui faire quelques questions sur les formalités qui devaient précéder mon mariage.

Il releva sa vieille tête rougie par la bonne chère, le vin et les liqueurs dont il faisait grande consommation, abaissa de l'index de la main droite sur le bout de son nez ses lunettes d'or, et, me regardant d'un air malin.

« Ah! ah! dit-il, vous vous mariez avec

Mlle Laure? Ce n'est pas trop tôt, cher monsieur. »

Je vis à ces premiers mots combien Laure avait eu raison.

« Monsieur, répliquai-je d'un ton assez vif, voulez-vous avoir la bonté de me donner les renseignements que je vous demande? Mlle Laure ma fiancée, est en même temps ma cousine et presque ma sœur. »

Je rougissais de colère d'être obligé de m'expliquer devant ce vieux drôle.

« C'est bien, monsieur, c'est bien, dit-il à son tour, je ne vous demandais pas d'explication. Tout est bien qui finit bien, comme dit le proverbe. »

Et il me donna tous les renseignements que j'étais venu chercher; mais il gardait toujours sur les lèvres un sourire si impertinent que je retenais à grand peine l'envie dont j'étais possédé de lui fendre la tête et de le jeter par la fenêtre.

Je revins chez moi rempli de fureur bien moins contre cet imbécile que par ce que je devinais dans son discours tout ce que la population de Rochebaron allait dire, et les sots propos qui allaient fondre sur Laure et sur moi. Encore si j'étais parvenu à le lui cacher.

Elle se jeta dans mes bras dès mon arrivée :

« Eh bien, dit-elle, as-tu franchi le fossé, mon cher Gaston-Phœbus ? »

Je fis un effort pour sourire :

« J'en aurais franchi trois mille de cette profondeur pour t'atteindre, lui dis-je. » Au fond, j'étais navré d'indignation et de douleur, car je prévoyais que toute la ville, dès le lendemain, répéterait l'abominable réflexion du secrétaire de la mairie.

« Je vois, dit Laure, que tu penses encore à la lettre de ce pauvre M. de Boréas, car tu me parles d'un air contraint…. Voyons, c'est une affaire finie…. M. de Boréas est parti à midi.

— Parti ! » m'écriai-je comme si cette nouvelle avait dû me percer l'âme ; et en effet j'en étais très-peiné ; mais je pensais surtout à dissimuler la véritable cause de mon trouble intérieur.

« Oui, parti! Y a-t-il là de quoi t'étonner? Voici un billet de M. de Boréas qui t'est adressé, et qui t'annonce son départ. Je l'ai ouvert, voyant de qui il était. Ai-je mal fait?

— Chère Laure! Tous mes secrets ne sont-ils pas les tiens?... Voyons donc ce billet.

« Adieu, mon ami, je pars; soyez heureux l'un et l'autre, vous méritez de l'être; mais je ne puis être témoin de votre bonheur. En souvenir de notre amitié qui a été bien courte, mais qui me sera toujours précieuse, recevez de moi ce sabre turc et cette paire de pistolets que vous avez paru admirer dans ma panoplie, et que j'ai pris à bord d'une frégate anglaise en 1799, dans la mer des Indes. Je vous envoie en même temps toute ma collection de livres d'histoire et de philosophie que vous aimiez tant à consulter. Ils ne sauraient être en de meilleures mains. J'espère, mon cher, toujours cher Gaston-Phœbus, que vous ne voudrez pas m'affliger par un refus. C'est la dernière marque d'amitié que je vous demande.... Adieu....

« Ch. de Boréas.

« Si jamais vous avez besoin d'un ami, pensez à moi. »

Je ne puis dire combien je fus touché de la générosité de cet aimable vieillard, et combien je m'accusai moi-même de la fâcheuse méprise qui nous séparait; mais enfin l'amour (ceux qui ont aimé le savent!), l'amour est si égoïste que je ne pensai bientôt plus qu'à mes propres inquiétudes et à celles que m'avait inspirées la sotte réflexion du secrétaire de la mairie de Rochebaron.

XVII

Trois jours après, pendant que j'étais occupé à passer en revue la bibliothèque très-considérable dont M. de Boréas m'avait fait présent, Laure, qui était sortie pour rendre quelques visites, rentra les yeux rouges : elle avait pleuré.

Je soupçonnais déjà le sujet de son chagrin, mais je n'osais lui en parler clairement.

« D'où viens-tu ? lui dis-je avec inquiétude.

— De me promener, répondit-elle d'un air dégagé qui n'était pas sans affectation. Le soleil est si beau aujourd'hui ! J'ai voulu visiter les remparts.

— Et tu as pleuré?

— Moi! Pourquoi aurais-je pleuré? Ai-je sujet de pleurer, affreux jaloux? »

Et en même temps elle s'approcha de moi et me regarda de si près, les yeux dans les yeux, que je ne pus m'empêcher de la faire asseoir sur mes genoux et de l'y retenir moitié de gré, moitié de force pendant quelques instants.

« Écoute, chère amie, lui dis-je, tu me caches quelque chose. Parle franchement, qu'est-il arrivé?

— Et que veux-tu qui arrive à Rochebaron? répondit-elle en riant aux éclats. Il faisait beau ce matin, les oiseaux chantaient, les voisins jacassaient, tu n'étais pas là et je m'ennuyais un peu. J'ai fait des visites.... Mais, rassure-toi, je me suis ennuyée encore davantage. Alors pour me consoler, pour me distraire veux-je dire, j'ai fait toute seule le tour des remparts, et j'ai admiré la fameuse tour de Godefroy de Rochebaron, d'où le bourgeois

Jehan Maillet a précipité les Anglais dans le fossé en 1422. Veux-tu que je te fasse voir l'endroit ? La brèche n'a jamais été réparée. »

Je vis bien qu'elle ne voulait pas m'avouer la vérité, et je ne me doutais que trop, d'ailleurs, du motif de son silence. Je n'insistai donc pas pour en savoir davantage, et après une conversation de quelques instants, je sortis pour réfléchir à ce que je devais faire.

La première personne que je rencontrai fut mon ami Martyn ; mais, quoiqu'il me reconnût fort bien, il feignit de ne pas me voir, et se détournait déjà pour entrer dans une autre rue, lorsque je courus après lui, et, l'appelant par son nom, je le forçai de se retourner. Il vint alors à moi ; mais il avait l'air contraint.

Nous causâmes quelques instants des affaires du lycée, des ridicules du recteur et du proviseur (suivant l'habitude de tous les subordonnés) ; mais nous pensions tous deux à toute autre chose. Enfin, j'arrivai au but.

« Avez-vous vu ma cousine aujourd'hui ? » lui dis-je.

Il hésita un peu : puis après un instant de silence :

« Est-elle venue chez nous aujourd'hui ? demanda-t-il. Je ne l'ai pas vue.

— Ah! je croyais qu'elle devait aller vous voir. Elle aura sans doute remis la visite à un autre jour. »

Tout en parlant, je le regardais attentivement, car je me souvenais que, la veille, Laure avait annoncé qu'elle irait voir Mme Martyn. Lui-même paraissait très-embarrassé de cet examen. Enfin il prit son parti et me dit :

« Parlons franchement, mon cher ami. Pourquoi ne m'avez-vous pas dit dès votre arrivée toute la vérité? Je suis un confrère, moi, et un camarade ; je ne suis pas un censeur et un juge. J'ai été jeune, après tout, et je sais ce que parler veut dire. Au lieu de cela, vous vous mettez, vous nous mettez tous dans une situation compromettante et presque ridicule... Mme Martyn est furieuse. Elle dit que c'est ma faute, que j'aurais dû l'avertir, que je connaissais tout, et que je n'aurais pas dû.... »

Pendant que Martyn parlait, je sentais un

froid mortel se glisser dans mes veines. Je devinais tout. Laure évidemment passait pour avoir été de tout temps ma maîtresse, et ma mère n'était là que pour couvrir le scandale d'un amour illégitime. A cette funeste pensée je maudissais mon sort et moi-même. Cependant je sentis qu'il fallait faire bonne contenance, et d'un air hautain j'interrompis mon ami Martyn.

« Je n'aurais pas dû, monsieur !.... Qu'est-ce que je n'aurais pas dû faire? Expliquez-vous, monsieur !

— Mon Dieu, mon cher ami, dit Martyn, ne vous fâchez pas. Je serais bien fâché de vous offenser; mais vous devez comprendre ma pensée. Je suis marié et père de famille, après tout, et des choses qui feraient rire des jeunes gens et qui ne me scandalisent pas du tout au fond du cœur, deviennent très-graves quand je songe au pays où nous sommes. Réfléchissez donc, mon cher ami, que nous n'habitons pas Paris, mais bien Rochebaron.... Il faut avoir égard aux convenances, que diable !

— Mais enfin, que voulez-vous dire ?

— Eh! vous m'entendez bien sans que je m'explique davantage. Mlle Laure vous aime, vous l'aimez; elle vous suit, elle fait votre bonheur; je n'ai rien à y reprendre; mais pourquoi ne pas l'épouser avant de venir ici, ou pourquoi la présenter partout comme votre sœur, ou, s'il vous plaisait de le faire, pourquoi ne pas garder au moins jusqu'à la fin de l'année, ces noms de frère et de sœur qui vous préservaient de tout scandale? Aux vacances, rien n'était plus aisé que de vous marier à Paris loin de tous les yeux, et de demander votre changement? A l'autre extrémité de la France, personne n'aurait rien su ni deviné de cette histoire, après tout très-naturelle, car, je vous le répète, mon cher ami, je suis loin de vous blâmer, mais le monde de Rochebaron vous blâme, ma femme (pardonnez-moi) est furieuse; et j'ai eu toutes les peines du monde à l'empêcher.... »

Je l'écoutais en silence, abattu, consterné, cherchant surtout par quel moyen je pourrais le convaincre de la vérité, car enfin, pensais-je, si telle est l'opinion d'un ami, quelle sera celle de tous les gens de Rochebaron. Enfin, je lui pris la main d'un air sérieux et je lui dis :

« Écoutez-moi, Martyn. Je prévois les suites de mon étourderie, et je suis prêt à les subir; mais je ne voudrais pas perdre l'estime d'un honnête homme et laisser croire à vous et à mes autres confrères qui m'ont si bien accueilli et qui m'ont toujours témoigné tant d'amitié, que j'ai pu les tromper par un mensonge, et surtout que Laure, ma chère Laure qui va devenir ma femme, n'est pas l'égale des femmes les plus vertueuses. »

Puis je lui racontai de point en point toute mon histoire et celle de ma cousine. Il en parut touché, et me promit d'employer tous ses soins à faire connaître la vérité. « Mais je ne vous cache pas, dit-il, que c'est une tâche difficile, car le monde aime à croire ce qui flatte sa malignité; la vie retirée et un peu dédaigneuse des cancans du pays que vous menez ici paraît une critique des goûts et des habitudes de la province; Mlle Laure est charmante, ce qui fait par tous pays beaucoup d'envieuses; enfin, le recteur, qui vous déteste, sera enchanté de trouver un prétexte plausible pour vous attaquer et vous faire destituer; — double profit pour lui, car il fera sa cour à l'évêque en suscitant un petit scandale universitaire ; il montrera sa propre vertu en critiquant vos prétendus déportements, et tout ce qui n'est pas irréprochable sera heureux de le seconder. Crier contre la débauche est le moyen le plus sûr et le plus facile d'acquérir la réputation d'un sage. »

Pendant ce discours, plus vrai que consolant, j'avais le cœur déchiré. Je remerciai Martyn, et, me sentant plein d'une indignation et d'une douleur dont je n'étais pas maître, je m'en allai au hasard dans la campagne, car je ne voulais pas que Laure pût se douter des cancans horribles dont elle était en ce moment l'objet.

Le soir je rentrai, et nous dînâmes silencieusement. Puis elle prétexta une migraine et se retira dans sa chambre. Je ne cherchai pas à la retenir. J'avais moi-même besoin d'être seul.

« Quel mal ai-je fait à tous ces gens-là, pensais-je, pour qu'ils me persécutent ainsi et se jettent en travers de mon bonheur ! Suis-je leur ennemi ? Ai-je pris leur part de soleil ? Suis-je entré dans leurs affaires ou bien ai-je jamais désiré d'y entrer ? Ai-je dit du mal de quelqu'un d'eux, convoité leur bien, leur femme ou leur enfant ? Moi qui n'ai jamais eu d'autre rêve que de vivre seul avec Laure et d'étudier, d'aimer, de devenir illustre, si c'est possible, mais en faisant de beaux livres ou de grandes actions, me voilà à la merci de quelques mauvaises langues et d'une foule imbécile qui se croirait dupe si elle me croyait honnête homme, pour qui la pudeur, la vertu et l'amour ne sont que des mots, et qui peut-être, si elle croyait que j'ai respecté Laure, me tournerait en ridicule ? Qu'ai-je fait au ciel pour que mes amis eux-mêmes n'aient pas eu un seul instant l'idée de me défendre, pour que les plus bienveillants ne voient là qu'un sujet de plaisanterie, et que M. de Boréas, le seul peut-être qui aurait voulu me défendre, s'éloigne en ce moment même sans que je puisse lui reprocher son départ, et après m'avoir forcé moi-même de le désirer ?

« Pauvre Laure! si elle savait à quels soupçons avilissants elle est en butte, qui sait quel en serait l'effet sur cette âme si fière et si sensible? Quel coup de poignard dans le cœur d'une femme vertueuse que ce soupçon de mensonge et d'hypocrisie. »

J'en étais là de mes réflexions, lorsque j'entendis un bruit de voix dans la chambre de Laure. La vieille femme qui nous servait, moins prudente que moi, était justement occupée à répéter à sa maîtresse tous les bruits de la ville.

« Ah! pauvre chère demoiselle, disait cette infernale bavarde, si vous saviez comme on vous traite, vous et M. Gaston-Phœbus! C'est une horreur! Ils disent que vous vivez ensemble depuis cinq ans, qu'avant ce temps vous étiez à Paris sur le pavé, simple couturière, et que vous aviez un amant; qu'alors M. Gaston-Phœbus vous avait prise avec lui, et que sa mère n'était pas sa mère, mais la vôtre, et qu'elle avait consenti à vivre avec vous deux parce qu'elle n'avait pas d'autres moyens d'existence. Mme Brodin, la femme de l'architecte, a dit qu'il fallait que vous fussiez une *perdue* pour avoir osé vous présenter chez elle et chez tous les gens honorables, et que si elle l'avait su quand vous êtes allée la voir, elle vous aurait fait mettre à la porte, vous et votre famille de saltimbanques !... Ah ! pauvre demoiselle, c'est bien à elle de parler de cela.... Elle croit donc qu'on a oublié son aventure avec monsieur Gruau aîné, l'avocat qui fit tant de bruit il y a quinze ans... Même on dit que monsieur Brodin en souffleta monsieur Gruau l'aîné, et que monsieur Gruau le mena en police correctionnelle.... Je m'en souviens comme si c'était d'hier.... »

Je ne voulus pas en entendre davantage, et laissant cette vieille pestiférée distiller lentement son poison dans le cœur de ma pauvre Laure, j'allai me coucher avec une envie furieuse de massacrer quelqu'un le lendemain.

XVIII

Je me levai assez tard ce jour-là pour ne pas voir Laure avant d'aller au lycée. Je pris mes livres et mon chapeau et j'arrivai à l'heure ordinaire pour faire ma classe. Mais comme je franchissais le seuil de la porte cochère, le portier vint au-devant de moi d'un air grave et solennel et me remit le billet suivant :

« M. Gaston-Phœbus *** se rendra, aussitôt après avoir reçu ce billet, chez monsieur le recteur, dans les bureaux de l'Académie.

— Parbleu! pensai-je, voilà mon affaire. Je

suis destitué, c'est certain ; mais du moins ne serai-je pas insulté. »

J'avais réfléchi toute la nuit à ma situation, et je voyais clairement qu'il me serait impossible de rester paisiblement à Rochebaron. Dès lors, il valait mieux partir sans lutte et retourner à Paris, cette patrie de tous les infortunés. Je riais donc en moi-même, mais d'un rire furieux, en songeant aux grandes phrases par lesquelles le recteur chercherait à savourer son triomphe et à jouir de ma disgrâce. Le brave homme n'avait plus prise sur moi.

Je ne m'étais pas trompé dans mon attente. Percepied me reçut encore plus mal que la première fois. Il était assis dans son fauteuil, les jambes croisées négligemment, et roulait d'un air pédant et fat sa tabatière entre ses doigts.

« Monsieur, dit-il enfin en me regardant du haut en bas, je n'entends parler que de vous. Vous êtes un véritable objet de scandale pour toute la population de Rochebaron.... Non content de remplir Dieu sait de quelle façon vos devoirs de professeur au lycée (il mentait, car peu de professeurs ont eu plus de succès que moi, j'en donnerai une preuve qui fera sourire tous les vrais connaisseurs en matière d'enseignement : aucun de mes élèves ne dormait en classe), vous menez la vie la plus étrange et la plus dissolue ; on m'assure, monsieur, que vous avez une maîtresse, que vous faisiez passer pour votre sœur, que vous vivez depuis longtemps avec elle, et qu'enfin, saisi d'un repentir tardif, vous allez l'épouser.... Monsieur, répondez, cela est-il vrai ? »

Ma résolution de partir était si bien prise que toutes les injures de Percepied glissaient sur moi comme l'eau sur une toile cirée ; aussi je le laissai parler sans daigner l'interrompre ; mais quand il s'arrêta, je répliquai à mon tour :

« Monsieur, de qui tenez-vous ces renseignements ?

— Que vous importe, monsieur ? » dit-il en rougissant de colère.

Il s'était attendu à me voir nier ou demander grâce, et je répondais à ses questions par d'autres questions.

« Votre police, monsieur, vous a mal informé, continuai-je.

— Monsieur, je n'ai point de police à mes ordres !

— Daignez-vous la faire vous-même et écouter aux portes ?

— Monsieur, cette insolence....

— Calmez-vous, cher monsieur, lui dis-je, j'en ai entendu de vous bien d'autres. Tout à l'heure vous avez insulté ma mère et ma fiancée, c'est-à-dire deux personnes qui me sont plus chères mille fois que moi-même et que tout l'univers. Je vous ai laissé parler.... J'aurais pu, moi, vous dire par représailles tous les bruits qui courent sur votre compte; mais je n'en ferai rien, cher monsieur, à moins que vous ne me poussiez à bout. »

Ses lèvres frémissaient et blêmissaient de rage. Il avait compté sur un triomphe facile, sur un ennemi abattu, et il se voyait braver en face.

« Monsieur, dit-il enfin après un court silence, vous parlerez moins haut, je l'espère, devant le conseil académique et devant M. le ministre de l'instruction publique. Je vous préviens que je vais faire à l'instant mon rapport.

— Faites !

— Que je dirai tous les scandales dont vous êtes l'occasion.

— Dites !

— Que je demanderai votre destitution....

— Demandez ! »

Il parut un peu surpris de mon sang-froid. Il avait cru que ses menaces produiraient plus d'effet.

« Et quant à l'insolente réponse que vous m'avez faite tout à l'heure, j'ai la confiance qu'elle ne restera pas impunie. »

Cette dernière menace, qui n'était pas un vain mot en ce temps-là, car on sortait à peine des commissions mixtes, et il aurait été facile de m'envelopper dans quelque mesure administrative, — cette menace, dis-je, combla la mesure :

« Et toi, lui dis-je, face de chien, âme de laquais, si tu me pousses à bout, je te donnerai la bastonnade devant toute la ville de Rochebaron ! »

Ma menace était pour le moins aussi sérieuse que la sienne, car les événements malheureux qui s'étaient succédé coup sur coup m'avaient exaspéré et je me sentais une envie féroce de me venger sur quelqu'un des injustices du sort. Justement Percepied avait l'imprudence de me provoquer en ce moment-là !

Mais s'il avait eu cette imprudence, il sut bien la réparer, car sans dire autre chose que ces mots :

« Ne me touchez pas ! ne me touchez pas ! ne me touchez pas ! » il fit le tour de la table avec une incroyable agilité, arracha le cordon de la sonnette dans sa précipitation et ne se crut en sûreté que quand il me vit ouvrir la porte et sortir d'un air tranquille et doux comme si je venais d'avoir avec Platon lui-même une conversation philosophique sur la vie future ou la vie antérieure.

J'étais à peine arrivé chez moi lorsqu'un garçon de bureau arriva précipitamment et me communiqua un décret signé Percepied, par lequel j'étais provisoirement suspendu de mes fonctions.

Laure entra dans ma chambre, lut l'arrêté du recteur, et me dit en sautant à mon cou :

« Ce bon Percepied ! comme cela se trouve !... J'allais te prier de quitter Rochebaron ; car je n'y vivrais pas vingt-quatre heures de plus. J'étouffe. »

Pauvre chère bien-aimée ! Elle avait pleuré toute la nuit, et ses yeux encore rougis témoignaient de ses inquiétudes.

Mais aussitôt que notre départ fut décidé, et il le fut à l'instant même, nous recouvrâmes tous les deux une gaieté singulière. Au fond, d'où venait notre malheur ? De la sottise des habitants de Rochebaron et de notre propre étourderie. A Paris nous n'avions plus rien à craindre de l'une ou de l'autre. Là nous serions libres, heureux, et pour ne plus prêter le flanc aux discours de personne, nous serions mariés dans les délais légaux.

Hélas ! inutiles projets !

XIX

Ma première visite, après que nous fûmes arrivés à Paris, fut pour la mairie de mon ancien arrondissement, car je ne voulais souffrir aucun retard ; malheureusement, ce changement imprévu de domicile causa d'assez longs délais.

Ma seconde visite fut pour mon ami Aubaret, qui ne parut pas trop surpris de me voir.

« Je vous avais averti, me dit-il, que vous n'étiez pas propre à ce métier difficile, surtout en France. Vous êtes impatient, vous ne savez pas retenir le premier mouvement, vous êtes indocile, ou, si vous voulez, indépendant d'esprit et de caractère ; tôt ou tard vous deviez déplaire à vos chefs, et au premier témoignage de mécontentement qu'ils vous donneraient, vous deviez les envoyer au diable, — ce que vous avez fait avec une promptitude extraordinaire. — Eh bien ! mon cher ami, il faut quitter, sinon l'enseignement, du moins la France pour trois ou quatre ans. Dans l'intervalle, vous irez en Suisse, où je vous ferai donner une place de professeur-adjoint d'histoire à l'Université de Zurich ; justement un de mes amis, qui habite Zurich, m'a écrit pour me demander quelqu'un qui fût propre à cet emploi. Votre traitement sera convenable ; vous vivrez de plain-pied avec les plus honnêtes gens et les plus libéraux de la Confédération suisse ; vous serez bien traité ; les Suisses sont flegmatiques et ont du respect pour la science. Pendant ce temps, des jours meilleurs viendront pour l'Université ; on se dégoûtera vite en France du système actuel, qui livre tout au clergé et à ses créatures ; le gouvernement reconnaîtra sa faute en voyant les exigences des prêtres. Vous êtes jeune, vous pourrez attendre et profiter de ce retour de faveur. Dans tous les cas, vous mènerez en pays libre une vie très-paisible, très-studieuse et très-agréable.... Allons, répondez. Est-ce décidé ? Je vais écrire à Zurich aujourd'hui même. »

Je me hâtai d'accepter cette offre et de remercier ce généreux ami. Huit jours après j'étais installé dans ma chaire de Zurich et je bénissais le ciel. Laure m'avait suivi, mais sous le nom de fiancée pour éviter toute méprise nouvelle, et elle logeait dans une maison séparée de mon logement par quatre ou cinq rues. Cette fois l'erreur des gens de Rochebaron n'était plus possible. Du reste, en attendant notre mariage qui était proche, mais que retardaient encore quelques formalités indispensables, je passais toutes mes soirées avec elle, sans que personne y trouvât à redire, grâce à la liberté dont jouissent les Suissesses, et nous jouissions d'un bonheur parfait, lorsqu'un matin je reçus de ma sœur Henriette la lettre suivante, qui était entourée de noir et qui avait passé par Rochebaron avant d'arriver à Zurich.

« Nouvelle-Orléans, 16 février.

« Chère maman (la lettre était adressée à ma mère, dont Henriette ignorait la mort), chère maman, mon malheur est au comble, et je suis désespérée. Caïus, mon pauvre Caïus vient de mourir dans mes bras des suites du choc affeux qu'il avait reçu dans l'incendie du steamer *Tennessee*. Il est allé trop tôt jouer du cor au théâtre où on l'avait engagé. Il a fait un effort violent. Un vaisseau s'est rompu dans sa poitrine et le sang l'a étouffé. Il est là sous mes yeux, déjà glacé par la mort, et je suis seule sur la terre. Cher et bon Caïus, aimable et gai compagnon de ma vie, je l'ai perdu, et je ne puis encore me le persuader !

« Moi-même je n'ai pas, je crois, longtemps à vivre, car j'ai passé deux mois à veiller jour et nuit sur Caïus, pendant qu'il était blessé et couché dans son lit. Hélas ! c'est pour s'être cru trop tôt guéri qu'il est mort ! Aussi je suis si pâle et si languissante que le médecin m'a conseillé (je crois qu'il ne veut pas être témoin de ma mort) de repartir pour la France. Vous êtes malade de désespoir, m'a-t-il dit. La vue de la France et de vos amis vous guérira peut-être.

« Malheureusement je n'ai plus d'argent pour suivre ce conseil. Le passage coûte cher, et je reste comme un blessé sur le champ de bataille, ne trouvant personne qui puisse me porter à l'ambulance.

« Pour comble, ma voix, que Caïus trouvait si belle autrefois, est aujourd'hui presque éteinte. Adieu les concerts ! Je ne me ferais même plus entendre dans un salon.... Et quel métier de chanter quand on a la mort dans le cœur et sous les yeux, et de réjouir des gens riches et bien repus, qui vous écoutent en bâillant, et qui ne distingueraient pas la *Marseillaise* de *Femme sensible*.

« Adieu, maman, Adieu, mon bon Gaston-Phœbus, et toi, Laure, vous tous que j'aimais tant, adieu !... Si vous ne recevez pas de lettre de moi, souvenez-vous quelquefois de votre pauvre

Henriette Schw.

« Hôtel Lafourche, troisième avenue, cinquième rue. »

« J'oubliais de vous dire.... Hélas! dans le triste état où je suis, est-ce un bonheur ou un malheur?... Je suis enceinte de six mois, et les craintes pour l'avenir de mon enfant se joignent maintenant à toutes les autres. »

Qu'on se rappelle par quelle série d'accidents déplorables toute ma famille et moi-même nous venions d'être éprouvés depuis quelques mois, et l'on comprendra de quel coup je fus frappé en recevant cette triste lettre. Je m'étais cru depuis deux mois le plus malheureux des hommes; mais, si l'on excepte la mort de ma mère, tout le reste n'était que simple contrariété auprès de ce que ma sœur venait de subir.

Je commençai alors, oui, je commençai pour la première fois, je l'avoue, à désespérer de la Providence. Je crus et je crois encore qu'un mauvais destin me poursuit, et ne me laisse aucun repos. Je donnai la lettre à Laure et j'attendis en silence sa décision.

« Mon ami, dit-elle, il ne faut pas hésiter. Il faut partir. Henriette est seule, malade, sans argent, sans amis; elle est trop faible pour revenir seule; il faut aller au-devant d'elle et la ramener. »

Et comme je ne répondais rien :

« Écoute, ami, continua-t-elle, le devoir passe avant l'amour.... Si tu m'aimes, tu vas dès aujourd'hui demander un congé. Si l'on te le refuse, et je ne crois pas que cela arrive, tu donneras ta démission, car il n'est pas possible d'abandonner Henriette.... Ne me dis pas qu'il suffit d'envoyer de l'argent pour son retour.... Qui sait en quel état elle se trouve? Et cet enfant, ce malheureux enfant.... Qui peut-être en naissant.... Non, mon bon Gaston-Phœbus, cette pensée est affreuse.... Va donc.... Je t'attendrai, tu le sais, jusqu'à la mort....

— Mais, dis-je, car un secret instinct me faisait deviner l'avenir, si j'attendais que nous fussions mariés ?...

— Y penses-tu? répliqua-t-elle. Grâce aux lenteurs des bureaux, nous ne pourrons pas nous marier avant un mois.... Dans cet intervalle, sais-tu quel nouveau malheur peut frapper Henriette?... Et si ce retard allait causer sa mort, quel éternel repentir!... va, pars!... »

Je cédai. Que pouvais-je répondre? Les Suisses eurent la bonté de me laisser partir et de me promettre que ma place ne serait donnée à personne, — si ce n'est provisoirement, — tant que je n'aurais pas offert ma démission.

Enfin, je partis le lendemain avec mille serments de revenir par le prochain bateau à vapeur.... J'embrassai Laure une dernière fois, en cachant autant que je pouvais mon désespoir de la quitter.... Elle-même..., non, je crois qu'elle était sincère..., elle-même avait les yeux mouillés de larmes, et me jura qu'elle m'aimait et m'aimerait éternellement.... Comment a-t-elle pu oublier si vite ce serment?...

Mon récit touche à sa fin; car pourquoi raconter longuement des aventures qui n'intéressent personne. Le vaisseau marchand sur lequel j'étais parti (*l'Antarctic*) fit naufrage sur la côte de Cuba. Corps et biens, tout périt, excepté moi. Le hasard me fit rencontrer une poutre qui flottait sur l'eau, je m'y accrochai, je fus poussé vers le rivage et poussé sur le sable, à demi nu, sans vêtement et sans argent. De là, recueilli par des nègres, et guéri par eux de la fièvre jaune sous ce climat funeste aux Européens, je me traînai jusqu'à la Havane, où je vécus à grand'peine pendant deux ans, cherchant toujours soit à retourner en France, soit à passer aux États-Unis.

Après deux ans, j'avais amassé trois ou quatre cents dollars, j'allai en Louisiane. A l'hôtel de la Fourche, personne ne put me donner des nouvelles de ma sœur. L'ancien propriétaire de l'hôtel avait passé en Californie. Le nouveau n'avait pas connu Henriette. Au consulat même, personne n'en avait entendu parler. Que faire?... La chercher dans cette immense population des États-Unis, la plus nomade de l'univers, c'était chercher une aiguille dans une charrette de foin. Je repartis donc pour la France, où m'attirait le désir ardent de revoir Laure et de retrouver du moins une partie de mon bonheur perdu.

Comme le cœur me battait en abordant au Havre! M'avait-elle oublié? se souvenait-elle encore de moi? Était-elle à Zurich, ou à Paris? M'avait-elle cru mort ou vivant? Il faut dire qu'après être resté cinq mois sans lui écrire (la traversée ayant été très-longue et la fièvre jaune ayant succédé à la traversée), je n'avais pas manqué tout le reste du temps de lui écrire une fois par semaine ; mais je n'avais reçu d'elle aucune réponse. A quoi devais-je attribuer ce silence? Je tremblais de crainte; je frémissais d'impatience.... Avais-je quelque nouveau malheur à déplorer? M'avait-elle cru englouti dans la mer des Antilles avec tout l'équipage de l'*Antarctic* ? Cette idée me faisait frissonner, car, enfin, si elle m'avait cru mort!... mais pourquoi m'aurait-elle cru mort? n'avais-je pas écrit cent lettres?... Oui, mais pourquoi n'avais-je recu aucune réponse?

C'est dans cette incertitude que j'arrivai à

Zurich. Je courus à la maison où j'avais laissé Laure.... Partie!.... Je me sentis défaillir.

« Monsieur, me dit le propriétaire de la maison, Mlle Laure a cru d'abord que vous aviez péri quand elle a connu le naufrage de l'*Antarctic*, et elle vous a pleuré bien longtemps.... Rien ne pouvait la consoler.... Ma femme et moi nous voulions lui donner quelque espérance.... Non, répondait-elle, si Gaston-Phœbus vivait encore, il m'aurait écrit....

— Mais je lui avais écrit!...

— Monsieur, elle a toujours dit que vous n'écriviez pas. Enfin, un matin, après six mois d'attente, elle a reçu une lettre; je ne sais de qui, et elle est partie le jour même.

— Pour quel pays?

— Elle ne nous l'a pas dit; mais elle allait en France. Nous l'avons beaucoup regrettée, car c'était une personne bien instruite, bien aimable, bien tranquille et que tout le monde aimait dans la maison.... Nous avons même essayé de la retenir, mais elle n'a voulu rien écouter. »

Dites, mon malheur était-il assez complet?

Henriette et Laure disparues en même temps, et moi qui n'avais vécu jusqu'alors que pour elles, réduit à la plus sombre, à la plus affreuse solitude! Je pensai d'abord à me tuer, comme aujourd'hui ; puis un reste d'espérance me soutint. Laure était partie, mais n'était pas encore perdue pour moi. Le hasard pouvait me la faire retrouver. Sans doute elle devait vivre à Paris. Je l'y chercherais, je l'y reprendrais !

Sur cette espérance, je partis. Je l'ai cherchée pendant dix-huit mois dans Paris avec une persévérance extraordinaire; mais personne ne la connaissait, ou aucun de ceux qui l'avaient connue autrefois ne l'avait rencontrée. Cependant, il fallait vivre.

Ma fierté plia sous la nécessité. J'allai chez M. Plotin, espérant qu'il ne refuserait pas de me recommander à quelque éditeur ; mais le grand homme me reçut avec toute la froideur imaginable, et eut même la bonté de me dire qu'il avait appris que je m'étais plaint de ses procédés envers moi; qu'il n'en était pas étonné, ayant toute sa vie semé les bienfaits pour ne récolter que l'ingratitude ; qu'il se croyait donc dispensé pour l'avenir de continuer ce commerce ruineux ; qu'il n'aurait cependant pas refusé de me donner de l'occupation, s'il avait eu de quoi m'occuper, mais qu'il avait en ce moment un secrétaire particulier, qu'il en était fort content. Il ajouta en élevant la voix (ce qui me fit penser que le secrétaire était dans le cabinet voisin), qu'il ne pouvait pas renvoyer un jeune homme de ce mérite, et qui était appelé aux plus belles destinées ; que quant aux éditeurs, un écrivain, qui avait fait comme je m'en vantais moi-même) des travaux si remarquables que lui Plotin les avait copiés et mis sous son nom, ne devait pas être en peine pour faire publier ses livres. Évidemment tous les libraires de Paris se disputeraient l'honneur d'éditer mes ouvrages.

Ce discours achevé, M. Plotin ouvrit la porte et je descendis machinalement l'escalier, sans même penser à lui offrir la paire de soufflets qu'en tout autre temps j'aurais cru lui devoir. Je continuai ma route sans savoir où j'allais, et je m'appuyai sur la balustrade du pont des

Arts, regardant tantôt l'Institut où j'avais autrefois espéré entrer, tantôt la rivière et l'horizon rougi des derniers rayons du soleil couchant.

Je réfléchis que j'en étais à mon dernier paletot, à ma dernière chemise, à mon dernier écu, à ma dernière espérance, et j'allais me jeter dans la Seine, lorsqu'en regardant autour de moi pour n'être pas dérangé par des spectateurs ou des sauveurs importuns, je vis venir de l'autre bout du pont un grand homme maigre à barbe grise qui me cria de loin :

« Eh ! bonjour, cher ami, que faites-vous là ? Vous regardez couler l'eau.... Noble et belle occupation.... Voulez-vous travailler avec moi ?... Je fais un dictionnaire de tous les animaux.... C'est une entreprise magnifique.... Cent cinquante francs par mois.... Deux cent cinquante lignes par jour.... — Et, ajouta-t-il en voyant le délabrement de mes habits, — cent francs d'avance.... Est-ce convenu ? »

Je crus que la Providence m'envoyait ce sauveur. J'ai travaillé dix-huit mois sous sa direction avec douze ou quinze autres infortunés qu'il n'enrichit pas plus que moi. Mais depuis six semaines son Dictionnaire est fini. Que faire, car mes ressources sont épuisées ?

Ce n'est rien encore. J'ai déjà connu et supporté courageusement la misère; mais comment supporter le plus grand, le plus terrible, le plus irréparable de tous mes malheurs ?

Hier enfin, après dix-huit mois de recherches inutiles, je l'ai revue cette Laure tant aimée pour qui seule j'aurais voulu vivre. Je l'ai revue ! mais où et dans quel état, grand Dieu !... Ah ! c'est le coup qui m'achève et qui me précipite dans la mort.

Hier, je me promenais lentement dans les Champs-Élysées, le long du trottoir, lorsque tout à coup, vers six heures du soir, au milieu du défilé des voitures de toute espèce remplies de gens qui reviennent du bois de Boulogne et vont dîner, j'ai vu tout d'un coup passer comme un éclair Laure en calèche à deux chevaux. Elle était enveloppée de fourrures magnifiques, et plus belle que jamais. Hélas ! oui, plus belle ! Et ce n'est pas pour moi.

Le temps était froid mais sec et le ciel pur. La calèche était découverte, et je voyais Laure aussi distinctement que si j'avais été assis près d'elle.... Mais ce n'est pas moi qui tenais cette place d'honneur. C'était.... comment le dire !... c'était une charmante petite fille de trois ans, — sa fille, car elle l'a tirée par la manche pour lui faire voir je ne sais quoi sur le trottoir, de mon côté, et l'a appelée : « Maman. »

A ce mot je me suis senti percer le cœur. Laure s'est retournée et a regardé de mon côté ; elle a même paru frappée de quelque souvenir ou de quelque ressemblance lointaine ; mais ma barbe, que j'ai laissé pousser, mon chapeau que j'ai abaissé sur mes yeux et mon cache-nez que j'ai relevé brusquement, l'ont empêchée sans doute de me reconnaître.

Voilà donc, pensai-je, sa fidélité ! Où sont ses promesses d'amour éternel ?... Que fait-elle aujourd'hui ? Est-ce un mari, est-ce un amant qui paie le luxe qui l'environne ? Car le doute est permis. Qui a pu oublier l'amour peut bien aussi oublier la vertu. Ah ! perfide, voilà donc pourquoi tu me pressais de partir !

Le devoir avant tout! disais-tu. Et j'ai eu la candeur de croire à tes serments et de partir!... Peut-être, dès ce temps-là, lasse de pauvreté, as-tu médité cette infâme trahison? Ah! si je le croyais!

Je me sentais envahir par des pensées de meurtre. Mais ce qui est plus étrange, c'est que je ne pouvais m'empêcher de la suivre, quoiqu'à pied, et heureusement la foule des voitures était si grande que la sienne a ralenti sa course. Je l'ai retrouvée aisément et suivie jusqu'à la rue Saint-Florentin.

C'est là qu'est son hôtel. J'ai vu la voiture s'arrêter, le laquais descendre le premier et abaisser le marchepied. Je me suis approché, le jour baissait, et Laure, distraite soit par le soin de descendre, soit par quelque pensée secrète, ne me voyait pas. D'ailleurs, je m'étais sans affectation, caché derrière un reverbère. J'ai vu son pied si fin, si bien cambré, si délicat, se poser sur le marchepied, j'allais m'avancer, lui parler (qu'aurais-je dit? Je n'en sais rien, car j'étais transporté d'amour, de fureur, de mépris); mais tout à coup la petite fille a dit:

« Maman, prends bien garde. Tu vas tomber ! »

Ce mot m'a rappelé à moi-même. Qu'elle soit mariée ou non, qu'importe? sa fille n'est-elle pas un témoignage vivant de sa trahison? O misérable cœur, sans ce cri involontaire d'un enfant, tu allais peut-être pardonner et reprendre ta chaîne! Et qui sait quel accueil t'aurait fait cette grande dame, qui ne va plus maintenant qu'en carrosse à deux chevaux et sous l'escorte de deux laquais? Peut-être t'aurait-elle dit : « Je n'ai pas de monnaie, mon brave homme, » en confiant au suisse de l'hôtel le soin de te fermer la porte.

Cette réflexion m'a retenu. Non, ne soyons pas lâche dans le malheur. Mourons sans nous avilir.

Cependant, une fois la voiture rentrée et la porte-cochère fermée, j'ai voulu connaître le propriétaire de l'hôtel et le mari ou l'amant de Laure.

« Quel est cet hôtel? ai-je demandé à l'épicier du coin.

— Monsieur, c'est l'hôtel de Boréas. »

A ce mot j'ai tout compris et j'ai couru jusque chez moi. Laure, me croyant mort, ou feignant de me croire mort, a rappelé M. de Boréas et l'a sans doute épousé. Fatale amitié ! Qu'avais-je à faire de ce vieillard ? Comment n'avais-je pas deviné qu'il serait un jour mon plus grand ennemi ?

Maintenant ma résolution est prise et irrévocable. Vivre sans Laure est impossible. L'aimer après qu'elle a épousé M. de Boréas est encore plus impossible. Un amour si pur, si chaste, si profond et qui a été le seul de ma vie entière, ne peut pas être souillé par cet amer souvenir. Vivre loin d'elle en la méprisant me dévore le cœur.... Pourrais-je la haïr ? Pourrais-je surtout la mépriser ! Non, non, pas de lâche compromis, mes pistolets sont prêts, ces mêmes pistolets que M. de Boréas m'avait donnés autrefois comme un souvenir d'amitié. Oui, j'aurais dû me défier de ce présent. Adieu. Je vais rejoindre ma mère et ma sœur que j'ai tant aimées. Pour toi, Laure, sois maudite, car je t'aime encore.

XX

Après avoir écrit ces derniers mots, Gaston-Phœbus prit un des pistolets et le chargea avec soin. Pendant qu'il bourrait la charge, on frappa deux coups légers à la porte, et il entendit que la portière disait :

« Oui, madame, c'est ici. »

M'expliquerez-vous pourquoi un homme si résolu à mourir, et qui ne devait plus, à ce qu'il me semble, s'inquiéter des choses de ce monde, sentit pourtant un peu de curiosité se mêler à son désespoir ? Est-ce que l'amour de la vie nous est si naturel que la moindre chose le réveille, même au milieu des plus grands malheurs ?

Quoi qu'il en soit, Gaston-Phœbus cacha ses pistolets sous les feuillets encore épars de son manuscrit, se leva, ouvrit la porte lui-même, et, sans y penser, par un mouvement involontaire, se jeta dans les bras de Laure.

Car c'était elle-même, j'essayerais vainement de le cacher, ou d'attribuer à Gaston-Phœbus plus de stoïcisme et de froideur qu'il n'en avait reçu du ciel.

Elle entra lentement, gracieuse et belle comme une divinité, les yeux pleins de joie, s'assit sur le fauteuil que Gaston-Phœbus venait de quitter, et pendant qu'à genoux devant elle, et la tête cachée dans son sein, il riait et pleurait à la fois :

« Ne m'attendais-tu pas ? dit-elle. Je t'ai cherché bien longtemps. »

Cette simple parole rendit tout d'un coup à Gaston-Phœbus le bonheur, le calme, la confiance. Il n'eut plus aucun soupçon, il se maudit lui-même ; il avait envie de s'arracher le cœur pour se punir d'avoir cru de vaines apparences ; enfin il était fou de bonheur et de joie ; — douce et rare folie.

Cependant Laure, tout en le regardant et lui souriant, feuilletait d'une main distraite le manuscrit que Gaston-Phœbus, venait de terminer. Tout à coup ses yeux furent frappés par la dernière ligne :

« *Pour toi, Laure, sois maudite, car je t'aime encore !* »

« Que veut dire ceci ? » demanda-t-elle sévèrement.

Et en poussant plus loin ses recherches elle découvrit le pistolet à demi chargé. La baguette était encore dans le canon. Gaston-Phœbus trop pressé d'ouvrir sa porte, n'avait pas eu le temps de retirer cette baguette.

« Comment ! malheureux ! s'écria-t-elle, tu allais mourir ! Et moi, que serais-je devenue ! Et ta nièce, la fille d'Henriette ?

— Pardonne, chère bien-aimée, s'écria Gaston-Phœbus. Pardonne-moi, j'étais fou, j'étais furieux, j'ai cru que tu m'avais trahi, que tu en avais épousé un autre, que la fille d'Henriette était ta fille, que M. de Boréas était ton mari, que j'étais le plus malheureux des hommes, et j'allais, pardonne, chère et divine créature, j'allais mettre fin à mes tourments !

— Je devrais, dit Laure, ne te pardonner jamais et t'abandonner à tes soupçons, à ton horrible jalousie; mais je suis bonne, je te pardonne et je t'aime. Maintenant, écoute-moi, pourquoi ne m'as-tu jamais écrit?

— Je t'ai écrit cent fois !

— Aucune de tes lettres ne m'est arrivée.... Comment cela peut-il se faire?... As-tu bien mis l'adresse pour Zurich?

— Oui.

— As-tu pris soin d'affranchir d'avance chaque lettre?

— Ah! malheureux étourdi que je suis, s'écria Gaston-Phœbus, je n'y ai jamais pensé.

— C'est de là, dit Laure, que doit venir tout le mal, car la poste des États-Unis ne se charge pas des lettres qui ne sont pas affranchies.... De plus, l'*Antarctic* ayant péri, corps et biens, j'ai dû croire que tu avais péri toi-même.... Enfin, trois mois après ton départ, je reçus une lettre, d'Henriette qui était arrivée à Paris, faible, épuisée, mourante, et qui venait d'accoucher en pleine mer. Je partis sur-le-champ pour la rejoindre et prendre soin d'elle et de son enfant.

Cinq jours après, ta pauvre sœur était morte, me léguant sa fille, que j'ai appelée Henriette comme sa mère. C'est un petit amour. Tu l'as vue avant-hier.... Ne fais pas le mystérieux.... C'est elle qui, sans te connaître, m'a fait par hasard tourner les yeux vers toi. Grâce à tes airs de conspirateur féroce et à ta barbe, qui te donne l'air des sauvages de la grande Boukharie; je ne t'ai pas reconnu, mais je t'ai remarqué, et le soin que tu prenais de te cacher m'a donné quelque soupçon de la vérité.

Ce soupçon obscur a grandi quand je t'ai aperçu en descendant de voiture. Mais qui pouvait se douter que tu vivais encore, et surtout qu'en me voyant tu ne te jetterais pas à mon cou? Quoique tu puisses faire bien des folies, je ne croyais pas que tu pusses commettre une bêtise ou pour mieux dire un crime aussi énorme.... Me soupçonner!... Sois tranquille, je m'en souviendrai plus tard.... Ne te roule pas à mes pieds pour demander grâce, car c'est un sacrilége que rien ne peut expier.... Enfin, toujours poussée par ce vague soupçon, j'ai soulevé le rideau de ma fenêtre et je t'ai vu demander quelque chose à l'épicier.

Là, tu étais en pleine lumière et je t'ai parfaitement reconnu. J'ai voulu sonner ma femme de chambre, te faire appeler, t'appeler moi-même de ma fenêtre, mais tu as pris la fuite comme si tu avais deviné ma généreuse intention.... Que faire alors? Où te chercher?... Une autre en serait restée là, car ce n'était guère la peine de courir après un amant de cette espèce, comme Jean de Nivelle après son chien; mais moi qui connais ta candeur, ton effroyable bêtise, ta jalousie digne seulement d'Othello, j'ai couru tout Paris pour te chercher, j'ai appris de M. Aubaret que tu demeurais ici, et, à ce qu'il paraît, j'arrive à temps.

— Mais cependant, dit Gaston-Phœbus,

avoue que ma jalousie n'était pas sans fondement; car enfin, cet hôtel, cette calèche....

— Tu veux savoir la fin de l'histoire? Mon ami, la voici. Il y a deux ans, un notaire de la Chaussée-d'Antin me fit un jour l'honneur de me prévenir que M. de Boréas, notre ancien ami, que je n'avais pas vu, non plus que toi, depuis notre départ de Rochebaron, venait de mourir d'une chute de cheval et nous léguait, à toi et à moi indivis, ou si l'un de nous deux mourait, au survivant, son héritage en terres, prés, maisons, hôtel et rentes, le tout valant à peu près deux millions.

Il nous priait, disait-il, d'accepter ce legs comme une dernière marque d'amitié et de n'en avoir aucun scrupule, car il n'avait frère, cousin, fils ou neveu à qui il pût prendre le moindre intérêt, et quant au clergé, qui avait longtemps compté sur sa générosité, il pensait que les représentants de Celui qui est né dans une étable, qui a vécu pauvre et qui est mort sur la croix, étaient beaucoup plus riches que ne le demande la loi divine. Au reste, tu verras son testament qui est écrit dans les termes les plus affectueux pour toi et pour moi.... Et maintenant, cher seigneur, avez-vous encore quelque objection à faire? »

Il paraît que le « cher seigneur » était fort content, car il suivit Laure sur-le-champ, n'emportant que ses pistolets et ses manuscrits. (Du reste, du mobilier, à vrai dire, un brocanteur n'aurait pas donné deux francs vingt-cinq centimes.) Douze jours après, il était marié; un an après il était père, et le mois dernier (octobre 1865) il s'est fait nommer député de Rochebaron, l'emportant de trois mille voix sur le candidat du gouvernement. Il est l'auteur de cette célèbre *Histoire des Papes* qui a fait tant de bruit l'an dernier, et qu'on a traduite en Angleterre, en Allemagne, et en Italie.

FIN.

8999. — IMPRIMERIE GÉNÉRALE DE CH. LAHURE
Rue de Fleurus, 9, à Paris

EN VENTE A LA MÊME LIBRAIRIE

NOUVELLE COLLECTION A 1 FR.

La France travestie, ou la Géographie apprise en riant.
La Guerre de Pologne, par E. D'ARNOULT.
Les Brigands de Rome, par E. D'ARNOULT.
Histoires émouvantes, par BARBARA.
Histoire d'un Trésor, par E. BILLAUDEL.
La Mare aux Oies, par E. BILLAUDEL.
Jeanne de Valbelle, par C. BLANC.
Dictionnaire d'éducation, par C. DE BUSSY.
Nathan-Todd, par C. DE CENDREY.
Bill-Biddon, par C. DE CENDREY.
Ingenio, par L. CHALIÈRE.
Les Ornières de la vie, par J. CLARETIE.
Un Japonais en France, par R. CORTAMBERT.
La Télégraphie électrique, par P. DAURIAC.
Le Neveu de Rameau, par DIDEROT.
Nos Gens de lettres, par A. DUSOLIER.
Comment on tue les femmes, par G. DE GENOUILLAC.
Fables nouvelles, par E. GRANGER.
Le Roman d'un Zouave, par GRAUX.
L'Amour bossu, par HENRY DE KOCK.
La nouvelle Manon, par HENRY DE KOCK.
Guide de l'Amoureux à Paris, par HENRY DE KOCK.
Les Mémoires d'un Cabotin, par HENRY DE KOCK.
Les petites Chattes de ces Messieurs, par HENRY DE KOCK.
La Voleuse d'amour, par HENRY DE KOCK.
Les Accapareuses, par HENRY DE KOCK.
Le colonel Jean, par H. DE LACRETELLE.
Jacques Galéron, par A. LÉO.
Rien ne va plus, par DE MARANCOURT.
Souvenirs d'un Zouave : (Montebello, etc., Magenta, Solferino), par L. NOIR. 3 vol.
Séduction, par R. OLLIVIER.
Les Finesses de d'Argenson, par A. PAUL.
Nicette, par A. PAUL.
Thérésa, par A. PAUL.
Les Cachots du Pape, par C. PAYA.
Lettres gauloises, par U. PIC.
Un Mariage entre mille, par V. POUPIN.
Les Soirées d'Aix-les-Bains, par Mme RATAZZI.
Les Francs-Routiers, par A. RÉAL.
Les Tablettes d'un Forçat, par A. RÉAL.
Histoire des Persécutions religieuses, par DE LA RIGAUDIÈRE.

Imprimerie générale de Ch. Lahure, rue de Fleurus, 9, à Paris

www.ingramcontent.com/pod-product-compliance
Lightning Source LLC
Chambersburg PA
CBHW070902170426
43202CB00012B/2165